Susanne Hühn · Thomas Künne

Der Mond

Standardwerke der Astrologie

Susanne Hühn · Thomas Künne

Der Mond

Die Heimat des inneren Kindes
im Horoskop

CHIRON VERLAG

ISBN 978-3-89997-279-5

Umschlag: Judith Hamann, Tübingen
Foto: © shutterstock
Druck: CPI/Moravia/CZ

Zu beziehen über:
Chiron Verlag, Postfach 1250, D-72002 Tübingen
www.chironverlag.com

Inhalt

Liebe Leser,

wundern Sie sich nicht auch manchmal, warum jemand, den Sie kennen, an einer Person festhält, die diesem Menschen nicht guttut oder gar schadet? Stellt sich Ihnen auch die Frage, warum wir uns manchmal wie ein Kind fühlen, statt selbstsicher und erwachsen eine Situation zu meistern, die anderen gar keine Schwierigkeiten zu bereiten scheint? Man kann sich wirklich nur wundern, wie unvernünftig sich manche Menschen, inklusive uns selbst, verhalten, obwohl man es doch besser weiß. »Das kommt bestimmt aus der Kindheit«, sagten wir dann, so viel haben wir immerhin schon begriffen. Wir beschwichtigen uns oft genug, indem wir sagen: »So schlimm war es nicht, das ist anderen auch passiert, stell dich mal nicht so an.« Damit tun wir uns nichts Gutes. So richtig es auch ist, dass andere Menschen unter dem, was uns zugestoßen ist, möglicherweise nicht so sehr leiden würden, so richtig ist es, dass es uns maßgeblich geprägt hat.

Jeder Mensch braucht bestimmte Gegebenheiten, um sich in emotionaler Hinsicht zu Hause zu fühlen. Der eine teilt gerne seine Interessen mit einem anderen, um sich geborgen zu fühlen, der andere fühlt sich geliebt, wenn er offen über sich selbst sprechen darf, der dritte braucht Fürsorge und Zärtlichkeit, damit er sich emotional öffnen kann. Natürlich benötigen wir alle das Gleiche. Wir alle wollen geliebt, anerkannt und respektiert werden. Gleichzeitig gibt es in jedem Menschen einen Schlüssel, der das Tor zur inneren emotionalen Heimat aufschließt.

Kennen wir diesen Schlüssel, dann können wir uns selbst die emotionale Heimat geben, die wir brauchen, und wir werden nicht mehr abhängig von den Menschen, bei denen wir zu finden glauben, was wir in Wahrheit in uns selbst tragen.

Zu abstrakt? Hier ein ganz konkretes Beispiel:

Wir verlieben uns zum Beispiel unsterblich in einen Menschen, der etwas in uns berührt, was wir für eine tiefe Verbindung der Seelen halten. Wir fühlen uns bei diesem Menschen ganz, wir sind zu Hause, wir wollen ihn nie wieder verlieren. So weit ist alles gut. Was aber, wenn dieser Mensch das ganz anders erlebt und uns zwar mag, aber nicht liebt? Sind wir dann frei, unseren Weg ohne ihn weiter zu gehen und in Frieden damit zu kommen, dass eine Beziehung nicht möglich ist? Vermutlich nicht. Wir klammern, wir trauern, wir tun alles, um den anderen doch noch davon zu überzeugen, dass wir zu ihm gehören. Wir haben endlich unsere Heimat beieinander gefunden, denken wir, wie kann der andere das nicht ebenso fühlen? Vielleicht klammern wir nicht, sondern schotten uns ab und erstarren. In Frieden loslassen und weiterziehen können wir in keinem der Fälle. Warum nicht? Weil uns der andere höchstwahrscheinlich unbewusst genau das geben konnte, was uns das Gefühl von emotionaler Heimat vermittelt. Deshalb ist es so wichtig, dass wir wissen, welcher Schlüssel uns die Tür zu unserem inneren Zuhause öffnet. Wir werden sonst unbewusst von Menschen abhängig, die den passenden Schlüssel haben, und merken es nicht einmal. Ob wir uns in einer Liebesbeziehung, in einer familiären Situation, in einer Freundschaft oder in einem Arbeitsverhältnis mit einem anderen Menschen befinden, spielt gar keine Rolle: Wenn der andere den Schlüssel zu unserem inneren Zuhause in sich trägt, auch wenn ihm das nicht bewusst ist, dann ist die Gefahr sehr groß, dass wir abhängig werden, unsere Selbstbestimmung verlieren und unser inneres Kind mit wehenden Fahnen zu ihm überläuft. Doch das innere Kind gehört in unsere eigene Obhut, denn nur dann bleiben wir unabhängig und können vernünftige, liebevolle und bewusste Entscheidungen treffen. Wir haben die Wahl: Entweder wir geben unserem inneren Kind mit all seinen Bedürfnissen selbst das passende emotionale Zuhause oder es wird sich dieses Zuhause unweigerlich bei anderen Menschen suchen, selbst dann, wenn wir diese anderen Menschen nicht einmal mögen. Damit wir handlungsfähig bleiben, damit wir unserem Lebensweg frei und selbstbestimmt folgen können, ist es von entscheidender Bedeutung, dass wir unser emotionales Zuhause kennen, es in uns selbst entwickeln und bewohnen.

Es gibt zwölf verschiedene Schlüssel, mit denen wir das Tor zu unserem emotionalen Zuhause öffnen können. Bei jedem Menschen passt ein einziger.

Warum das so ist, erklärt Ihnen dieses Buch. Wir schauen uns einen sehr spannenden Aspekt Ihres Horoskops an: Die Stellung des Mondes, der das innere Kind symbolisiert. Die Position des Mondes im Horoskop zeigt, was Sie brauchen, damit Sie sich geborgen und sicher fühlen, denn das sind die wesentlichen Bedürfnisse eines Kindes. Die Mondstellung im Horoskop zeigt außerdem, wie Sie die Welt als Kind erlebten, was Sie prägte und welche Ereignisse wesentlich für Ihre Entwicklung waren. Wenn Sie verstehen, warum Sie auf bestimmte Erfahrungen sehr intensiv, vielleicht sogar intensiver als andere reagieren, dann können Sie entwickeln, was Sie für Ihr inneres Kind wirklich brauchen: Mitgefühl und Liebe statt rationaler Beschwichtigungen.

Weil jeder Schmerz Heimweh ist

Wenn wir verstehen, dass der Mond für die Gefühle und damit für die emotionale Heimat steht, dann beschreibt die Stellung des Mondes also die Umstände, die wir brauchen, damit wir uns zu Hause fühlen. Jeder Schmerz eines Kindes ist letztlich Heimweh nach seiner emotionalen Heimat. Noch einmal, weil es so wichtig ist: Wenn wir erkennen, welche Umstände wir brauchen, damit unser inneres Kind sich zu Hause fühlt, dann verstehen wir auch, warum wir manchmal so fest an bestimmten Menschen hängen, obwohl sie uns nicht lieben oder uns nicht einmal guttun. Es ist das innere Kind, das beim anderen genau jene Konstellation erlebt, die ihm ein Gefühl von emotionalem Zuhause gibt. Dieses Zuhause dürfen und müssen wir zumindest zu einem großen Teil in uns selbst entwickeln, damit wir innerlich frei werden.

Denn wie wäre es, wenn es allein darum ginge:

Werde zu dem Menschen,

den du als Kind so sehr gebraucht hättest.

Wir werden uns also anschauen, was das innere Kind braucht und wie wir es ihm geben können. Wenn wir unserem inneren Kind seine innere Heimat schenken, sind wir in der Lage, im Außen als der Erwachsene aufzutreten, der sein Leben selbstbestimmt mit Freude und Lust meistert.

Warum ist das innere Kind überhaupt so wichtig?

Die nicht verarbeiteten emotionalen Prägungen unserer Kindheit haben uns zu dem Menschen gemacht, der wir heute sind. Doch in Wahrheit sind wir vielleicht ganz anders! Damit wir uns zu dem Menschen entfalten können, der wir wirklich sind, damit wir unser authentisches, wahres Ich leben können, brauchen wir emotionale Freiheit, anstatt aus der Vermeidung von erneuten Verletzungen heraus zu leben.

Das innere Kind finden wir in einem Gehirnteil, dem sogenannten limbischen System, dem Emotionalhirn. Warum nennen wir diesen Teil des Gehirnes »inneres Kind«? Weil wir, wenn wir geboren werden, mit unserem Bewusstsein in ebendiesem limbischen System anwesend sind. Die Großhirnrinde, in der wir rational, analytisch, aber auch bewusst und mitfühlend denken und handeln können, ist noch nicht herangereift.

Deshalb steht uns unsere Fähigkeit, zu unterscheiden, was zu uns gehört und was nicht, unsere Fähigkeit, unabhängig von dem, was wir fühlen, bewusste und vernünftige Entscheidungen zu treffen und vor allem unsere Fähigkeit, uns selbst mit all den Emotionen zu beruhigen und dadurch gelassen zu bleiben, nicht zur Verfügung. Wir erleben die Welt als Kind unmittelbar und direkt, ungefiltert und ganz und gar ungetrennt von uns selbst. Wir können nicht zwischen den Gefühlen anderer und unseren eigenen unterscheiden. Durch das, was wir fühlen, sei es Geborgenheit, wenn wir gehalten, geliebt, versorgt und beschützt werden, oder sei es Ungeborgenheit bis hin zur Todesangst, wenn wir nicht gesehen, nicht getröstet, nicht beschützt werden, entstehen tief sitzende positive oder negative Verhaltensmuster.

Wir tun als Kind alles, um versorgt zu werden, wir passen uns an, verleugnen uns, verbiegen uns, weil wir instinktiv wissen, dass wir sterben, wenn wir nicht wenigstens einen Verbündeten an unserer Seite haben, der uns zumindest sporadisch versorgt und beschützt. Diese Prägungen wären völlig unbedenklich, wenn wir im Laufe der Zeit erkannt hätten, dass wir jetzt erwachsen sind und diesen dringend nötigen Verbündeten im Außen nicht mehr brauchen, um zu überleben. Wir können jetzt auf uns selbst aufpassen und unser limbisches System, das nicht heranreift, sondern Zeit unseres Lebens irrational und emotional bleibt, durch bewusste, mitfühlende Selbstfürsorge beruhigen.

Doch wenn wir weitgehend in emotionaler Heimatlosigkeit herangereift sind, haben wir nie gelernt, dass wir selbst dieser Verbündete sein können. Diesen inneren Verbündeten für das innere Kind zu entwickeln ist unser größtes Anliegen und deshalb schreiben wir dieses Buch.

Warum ist das so wichtig? Wenn wir nicht wissen, was die Mondstellung für unsere emotionale Heimat bedeutet, kann es schnell passieren, dass wir uns von bestimmten Menschen abhängig machen, wenn sie uns geben, was wir brauchen, ohne dass es uns bewusst ist. Wir erkennen nicht, auf welche Weise unser inneres Kind eine Heimat beim anderen findet, wenn wir nicht wissen, worin die Heimat besteht.

Wir fühlen uns stark verbunden und beim anderen zu Hause, erkennen aber nicht, welche Bedürfnisse uns der andere Mensch oder die Beziehung zu ihn, sei es ein Arbeitsverhältnis, eine Liebesbeziehung oder eine Freundschaft, erfüllt. Damit wir frei und selbstbestimmt unseren Weg gehen können und uns freiwillig und bewusst aus Liebe binden statt unbewusst und in der Hoffnung auf Erfüllung unserer Bedürfnisse, schreiben wir dieses Buch.

Wir, die Autoren, bündeln dabei unser Wissen, damit wir Ihnen effektive und schlüssige Werkzeuge zur Verfügung stellen können. Kinder brauchen alle das gleiche: Mitgefühl, Liebe, Trost, Sicherheit, Schutz und Versorgung. Damit wir uns selbst ein inneres Zuhause geben können, müssen wir unser inneres Kind mit all seinen Verletzungen verstehen und als Teil von uns anerkennen. Dabei wollen wir Ihnen helfen.

Doch wie hilft das Horoskop dabei, sich selbst eine Heimat zu geben? Gehen wir zurück zu den Anfängen unseres Lebens.

I. Die Theorie

Der Sprung ins kalte Wasser

Es geschieht an jedem herrlichen Tag voller Sonne und blauem Himmel: Ein Kind spielt gedankenverlorenen am Wasser, baut kleine Burgen aus Tannenzapfen und Holzstückchen, und schon bald wirft es einen Stein ins Wasser.

Auf der ruhigen Wasseroberfläche bilden sich Ringe um die Stelle herum, an welcher der Stein ins Wasser fällt. Sie werden immer größer und weiter, irgendwann kann man die Stelle nur noch erahnen, an welcher die Geburt der Wellen begann.

Wechseln wir bereits an dieser Stelle zum ersten Mal auf die symbolische Ebene unseres Lebens: Im Augenblick unserer Geburt werden auch wir »ins kalte Wasser« des Lebens geworfen, genau wie dieser Stein.

Die ersten Kreise bilden sich um die Eltern, um Vater und Mutter. Nach und nach werden die Kreise in der heranwachsenden Welt unserer Beziehungen immer größer, sie ufern geradezu aus: der Kreis der Verwandten, Freunde, Kollegen, Nachbarn, Gesellschaft, manche Kreise überlappen sich sogar.

Das hat Folgen: So kann es durchaus geschehen, dass manche im fortschreitenden (Er-)Leben vor lauter Wellengang befürchten, den Boden unter den Füßen zu verlieren. Anderen wiederum steht das Wasser bis zum Hals, sie sehen förmlich nur noch den bedrohlichen Wellengang um sich herum.

Und sie wissen überhaupt nicht mehr, wo diese ständigen Wellen eigentlich herkommen. Wir, die Autoren dieses Buches, haben da eine konkrete Vermutung. Und wir möchten den Leserinnen und Lesern dabei helfen, ebenfalls Licht ins Dunkel zu bringen.

Dabei gehen wir *radikal* vor, im Sinne von lateinisch *radix = die Wurzel, der Ursprung.*

Wir gehen zurück zum »Stein des Anstoßes«, der die Impulse für die Wellen (unseres Lebens) lieferte.

Wir gehen zurück zum Augenblick unserer Geburt, wir werfen einen Blick auf die vorherrschende Mondkonstellation in diesem magischen Moment, als wir aus dem Fruchtwasser entstiegen sind wie damals die Göttin Venus, die Göttin der Liebe, aus den Wellen des Meeres.

Diese geburtliche Mondkonstellation prägt uns ein Leben lang, sie liefert das Koordinatensystem, den Nährboden, in welchem sich unser inneres Kind entwickeln kann und wird:

- Das glückliche und befreite innere Kind voller Mitgefühl, Lebensfreude, Vitalität und Liebe, das immer aus seiner inneren (Mond)Quelle schöpfen kann.
- Das verletzte innere Kind, welches die Gegenwart durch den Filter von Erfahrungen der Kränkung, der Zurückweisung und des Mangels aus vergangenen Erfahrungen erfährt und oft auch erleidet.

Doch der Reihe nach: Unsere angeborenen Instinkte verbinden uns mit dem Tierreich, unsere archetypischen Seelenanteile lassen uns darüber hinaus teilhaben am kollektiv Unbewussten allen Seins.

Das Zusammenspiel von Instinkten und Archetypen lässt uns (über-)leben, unsere elementaren Interessen wahrnehmen sowie unsere Bedürfnisse befriedigen.

Und hier liegt auch ein magischer Schlüssel zum Verständnis der Befindlichkeit unseres inneren Kindes.

Zum Bereich der Instinkte rechnen wir sämtliche Reflexe, die uns angeboren sind, die wir sozusagen mit der Muttermilch in uns aufgesaugt haben. Dazu gehört u.a. unsere Fähigkeit, angemessen auf Gefahren zu reagieren, unser Fluchtmechanismus, der weitaus schneller funktioniert als jegliches Nachdenken, auch der Schluck- oder Saugreflex. Im Grunde genommen gehören dazu alle Vorgänge, die unbewusst und emotionslos ablaufen. Hierzu zählen auch Atmung, Kreislauf und Biorhythmus, gesteuert von unserem Stammhirn.

Erst unter dem Einfluss von Emotionen entstehen nun Lust oder auch Unlust: Mit entscheidend hierfür und für unseren gesamten Seelenhaushalt sowie unser Wohlbefinden ist es, ob wir unsere instinktiven Bedürfnisse befriedigen können oder nicht.

Nach und nach entstehen Lust oder Frust, was sich auch entscheidend auf die Verfassung unseres inneren Kindes auswirkt. In dieser (meist unbewussten) Welt der Gefühle gibt es Automatismen, eingefahrene emotionale Reaktionen und auch fixierte Wünsche und Sehnsüchte. Und in diesen Automatismen unserer unerfüllten Emotionalität findet sich viel von dem, was wir als unser verletztes inneres Kind bezeichnen könnten.

Mit entscheidend ist dabei, wie wir das deuten, was wir erleben, welchen Stellenwert wir diesen Erlebnissen zuweisen und vor allem, welche Rückschlüsse wir daraus ziehen. Dementsprechend treffen wir Entscheidungen und stellen Weichen, fühlen wir und formen unser Selbstbild.

An diesem Punkt kommt nun der Mond ins Spiel: Unser sehnsuchtsvolles und neugieriges inneres Kind, welches seinen Standort und Lebenssinn sucht und auch finden möchte, finden wir im Tierkreis im sogenannten 4. Haus, im Haus des Mondes.

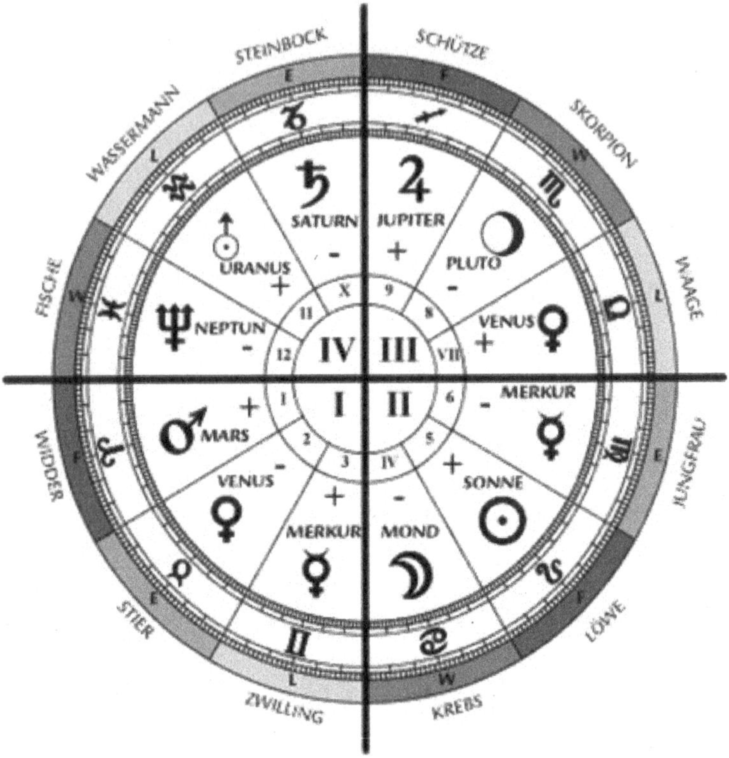

Und nun wird es spannend, denn die Stellung des Mondes entscheidet darüber, wie wir mit unseren Bedürfnissen umgehen, welche Erlebnisse der frühen Lebensjahre für uns zum Schlüsselerlebnis werden, wovon wir uns berühren lassen und wovon eher nicht.[1]

Hier finden wir unsre emotionale Heimat, die Wurzel unserer gefühlten Macht und Ohnmacht, die Blaupause für immer wiederkehrende Situationen und Menschen in unserem erwachsenen Leben, die in emotionaler Hinsicht der kindlichen Interpretation gleichen.

---

1 Falls Sie die Position Ihres Geburtsmondes nicht kennen, gibt es im Internet z.B. kostenfreie Möglichkeiten, ihr Horoskop zu berechnen – siehe die Anleitung im Anhang.

In welchem Milieu und in welcher Konstellation »unser« Mond im Augenblick unserer Geburt steht, gibt Rückschlüsse auf unsere tiefsten und am meisten prägenden Beobachtungen der Welt, auf unsere Sichtweise der Wirklichkeit, die uns umgibt.

Die Deutungen der Mondkonstellation im jeweiligen Geburtshoroskop erlauben uns hilfreiche Interpretationen unserer »Glaubenssätze«, unserer Lebensmotive und Wiederholung derselben, die wir in den Ausprägungen vom *freien inneren Kind und verletzten inneren Kind* zusammenfassen können.

Wenn wir uns anschauen, wo der Mond im Horoskop steht, dann erkennen wir also, wie wir die Welt als Kind erlebten und was uns in emotionaler Hinsicht Halt und Heimat gibt. Wir verstehen uns selbst besser und können deshalb viel mitfühlender auf uns und unsere Verletzungen reagieren. Gleichzeitig erkennen wir unsere Stärken und auch jene Talente, Wünsche und Träume von unserem Leben, die durch die Prägungen der Kindheit unterdrückt wurden. Wir erkennen, wozu wir auf der Welt sind, welche Lebensaufgaben wir haben und was uns emotional wirklich geprägt hat. Doch egal, wo der Mond steht, unser inneres Kind braucht von uns immer das Gleiche: einen inneren Erwachsenen, der liebevoll, schützend und unverbrüchlich für es Kind sorgt.

Der Mond und das innere Kind

Der Mond wird dem Tierkreiszeichen Krebs zugeordnet. Neben der strahlenden Sonne, die über den Tag und das Bewusstsein herrscht, scheint der Mond in der Nacht. Er strahlt passiv durch das Licht der Sonne und herrscht über das Unterbewusstsein.

Der Mond ist zwar kein Planet, wird in der Astrologie aber symbolisch als solcher bezeichnet. Monde umkreisen Planeten, bei Jupiter sind es viele, bei Mutter Erde einer, nämlich der Mond. Monde sind an ihre Planeten gebunden, ob sie wollen oder nicht.

Im Grunde ist es eine gegenseitige Abhängigkeit, denn die Erde befindet sich z.B. durch die Gezeiten von Ebbe und Flut genauso im Bann des Mondes wie umgekehrt. Eine wechselseitige Beziehung, eine Symbiose, wie bei Mutter und Kind ...!

Wir wissen, dass der Mond eigentlich unsichtbar ist, wenn er nicht von der Sonne angestrahlt wird. Die Sonne verkörpert das Licht, das Licht symbolisiert das Bewusstsein.

Während das Bewusstsein (Sonne) im Schlaf zur Ruhe kommt, wird dieser Platz frei für unsere unsichtbare Seele (Mond) und zeigt sich nun in Traumbildern. Natürlich spricht die Seele nicht nur im Schlaf zu uns, aber im Alltag werden Gefühle und Unsichtbares gerne verdrängt oder in den Schatten abgeschoben. Im Schlaf dagegen kann die Seele am Wachhund des Verstandes vorbeischlüpfen und so das Bewusstsein mit der nötigen Kraft aus dem Unbewussten auftanken. Aus der modernen Hirnforschung wissen wir, wie wichtig diese Phasen für die Regeneration sind.

Wechseln wir an dieser Stelle wieder auf die symbolische Betrachtungsebene und beleuchten wir die Symbiose von Mutter und Kind: In einer gesunden Beziehung nimmt eine Mutter die körperlichen und emotionalen Bedürfnisse ihres Kindes wahr. Nichts berührt ihre Gefühlswelt so sehr wie ihr eigenes Fleisch und Blut, ihre Liebe und Liebesfähigkeit fließt über. Mutter, Vater oder beide zusammen bilden die emotionale Heimat des Kindes.

Apropos »fließen«: Melden Babys und Säuglinge lautstark durch Schreien oder Weinen ihre Bedürfnisse an, so wecken diese akustischen Signale wie auch die augenscheinliche Hilflosigkeit des kleinen Erdenbürgers den angeborenen Mutterinstinkt: Die Milch beginnt zu fließen, bestimmte Hormonausschüttungen stärken die tiefe emotionale Verbundenheit der beiden.

Symbolisch steht der Mond also auch für das Mütterliche und für das Bedürfnis nach emotionaler Zuwendung, die wir weder unterdrücken noch beherrschen können und dürfen. Wir bewegen uns im Feld des Unbewussten, des Unsichtbaren.

Wer die Bedürfnisse seines inneren Kindes missachtet, verliert mit der Zeit den Zugang zu seinen Gefühlen und somit zu einer Ebene, die ihn mit Energie versorgt und hilft, sich zu regenerieren.

Nur Sonne, Tag, Bewusstsein, Intellekt ohne die stille, magische Kraft des Mondes bzw. die Regeneration in der Nacht während des Schlafs würde uns innerhalb kurzer Zeit den Verstand kosten – und mit der Zeit das Leben. Das Zeichen, in dem der Mond steht, zeigt uns also ein emotionales Bedürfnis, welches wir instinktiv zu stillen trachten. Dort sind wir Kind, suchen Zuwendung, fühlen uns hilflos und befriedigen dieses Bedürfnis nicht zuletzt, indem wir für andere sorgen. Das Haus, in dem der Mond steht, ist der Lebensbereich, in dem solche Bedürfnisse auftauchen.

Dabei funktionieren manche Kräfte »wie von selbst«, sie arbeiten unauffällig und präzise, sozusagen ohne Ver-Stimmungen. Andere wiederum scheinen gegen uns zu arbeiten: Sie machen uns das Leben schwer, sorgen für Blockaden und Störungen des »normalen« Ablaufs.

Indem sie uns wehtun, fallen sie uns erst auf. Wir spüren, dass auch sie existieren. Ein Beispiel: Wenn wir morgens aufwachen, fällt uns nicht auf, dass wir Arme oder Füße haben. Das wissen wir und es ist nicht der Rede wert. Haben wir uns jedoch den Arm kräftig verstaucht oder haben wir uns mit den neuen Schuhen Blasen an die Füße gelaufen, dann spüren wir die Existenz dieser Gliedmaße überaus deutlich.

Und genauso verhält es sich mit unseren »dunklen« und ungeliebten Anteilen wie Eifersucht, Neid oder Wut: Sie existieren, obwohl wir sie nicht wahrhaben wollen, sie verdrängen oder schlimmstenfalls auf andere projizieren. Irgendwo tief in unserem Innern spüren wir deren Macht, haben aber meistens Angst vor den Konsequenzen, wenn wir sie frei herauslassen. Dies ist jedoch ein sicherer Weg, um sich auf Dauer selbst unglücklich zu machen. Denn diese Kräfte finden *immer* ihren Weg, sie verschwinden mit Sicherheit nicht dadurch, dass wir sie nicht sehen wollen.

Der weitaus bessere und gesündere Weg: Wir heben die vermeintlich negativen Eigenschaften in unser Bewusstsein. So verlieren sie einerseits die Macht über uns und andererseits eröffnen sie somit die Möglichkeit, diese zu analysieren, zu transformieren und ganzheitlich in uns zu integrieren.

Wir alle wissen, dass meist der Leidensdruck erst groß genug sein muss, um an sich zu »arbeiten«. Oder, flapsig formuliert: Das Kind muss erst in den Brunnen gefallen sein, bevor sich was tut.

Unsere westliche Welt scheint derart geprägt zu sein, was sich auch in der Überbetonung der *Pathogenese* (Behandlung von *bereits existierenden* Krankheiten und Blockaden) in der Schulmedizin niederschlägt.

Nahezu diametral gegenübergestellt zu unserer Sichtweise erscheint hier das östliche Gesundheitsmodell der Vorsorge und Prophylaxe: Ein guter Therapeut, Heiler oder Arzt sorgt im Vorfeld dafür, dass sein Klient/Patient erst überhaupt nicht erkrankt. Übrigens: Sonst erhält er auch keine Bezahlung!

Im Westen setzt sich übrigens für diese Sichtweise der Gesunderhaltung immer mehr der Begriff *Salutogenese* durch.

Mit diesem Buch möchten wir Ihnen dabei helfen, die »Licht- und Schattenseiten« so zu integrieren, dass wir uns rundum wohl und behütet fühlen. Nennen wir es Seelenhygiene, Bewusstseins- oder Schattenarbeit, der Begriff ist letztendlich nicht entscheidend. Viel wichtiger ist: So erkennen wir uns selbst immer besser, können Frieden mit uns schließen und brauchen nicht (mehr) unsere eigenen Dämonen im Außen zu bekämpfen.
Wir erkennen und verstehen:

> *Wenn Du in Dir selbst nicht zu Hause bist, bist Du nirgendwo zu Hause!*

Wir wissen heute eine ganze Menge über den Einfluss von »Schwingungen« auf Lebewesen und auf deren Wohlbefinden und Psyche.

Vor allem die aktuellen Forschungen der Epigenetik (Zellbiologie) belegen: *Wir sind nicht Opfer unserer Erbanlagen, sondern Mitschöpfer in jedem Augenblick unseres Lebens.*

Dabei gilt: Ungesunde Schwingungen machen uns auf Dauer krank, dagegen fördern heilsame unsere Gesundheit.

Wir werden uns in diesem Buch anschauen, auf welche Weise ein Kind auf prägende Ereignisse reagieren könnte, je nachdem, wo der Mond im Horoskop steht und was ihm hilft.

Natürlich spielen viele Faktoren eine Rolle und nicht jedes Kind mit dem Mond in einem bestimmten Zeichen reagiert gleich. Es geht uns zum einen darum, Ihnen zu erklären, warum Ihre eigenen Kinder auf bestimmte Weise reagieren oder nicht, doch noch wichtiger ist uns, Ihnen die Chance zu geben, sich selbst, das eigene innere Kind und die eigene emotionale Sicht auf die Welt besser zu verstehen.

Wenn wir unser inneres Kind verstehen, dann können wir Mitgefühl mit uns aufbringen und uns endlich selbst geben, was uns so sehr gefehlt hat. Mit inneren Reisen und Übungen speziell für jedes Mondzeichen können wir unser inneres Kind da abholen, wo es steht. Jede Hilfe, die wir unserem inneren Kind geben, ist wichtig und gut. Gleichzeitig können wir, wenn wir wissen, was es braucht, um sich zu Hause zu fühlen, sehr direkt für unser inneres Kind da sein. Lesen Sie auch die Übungen und inneren Reisen für die anderen Sternzeichen durch, vielleicht hilft Ihnen die ein oder andere. Jeder Mensch trägt jede der zwölf Hauptenergien in sich.

Für jedes Mondzeichen gibt es ein ideales Szenario, damit sich das Kind auf bestmögliche Weise entwickelt. Wir werden aufzeigen, was jedes Mondzeichen als Kind gebraucht hätte, in dem Wissen, dass dieses Idealbild einen absurd hohen Anspruch an die Eltern oder die nahestehenden Personen stellt.

Wenn schon unsere Eltern selbst keine Ahnung hatten, dass auch sie ein empfindsames inneres Kind in sich tragen, dann können wir nicht erwarten, dass sie uns als Kinder in all unserer Verletzlichkeit und Bedürftigkeit wahrnehmen und halten konnten.

Dieses ideale Bild, das wir entwerfen, dient als Blaupause für unsere innere Landschaft, für den Schutzraum, den wir unserem inneren Kind später durch die Übungen und inneren Reisen geben. Wenn wir verstanden haben, was wir wirklich gebraucht hätten, dann können wir es in uns selbst erschaffen.

Haben Sie Kinder, dann lohnt es sich, ein Geburtshoroskop erstellen zu lassen, damit Sie eine Idee dessen bekommen, was Ihr Kind braucht. Das heißt noch lange nicht, dass Sie es ihm auf perfekte Weise geben können oder sollen, doch Sie erhalten ein Gefühl dafür, worauf Sie verstärkt achten dürfen. Auf gar keinen Fall wollen wir Sie mit unserer jeweiligen idealen Szene verunsichern. Sie möchte nur aufzeigen, worauf das entsprechende Mondzeichen am meisten Wert legt.

Wie Ihr inneres Kind die Welt erlebt

Um die unterschiedlichen emotionalen Reaktionen, je nachdem, in welchem Zeichen der Mond steht, besser zu verstehen, betrachten wir zunächst eine konkrete Situation.

Stellen wir uns einmal vor, ein fünfjähriges Kind erlebt die Scheidung seiner Eltern. Es liebt beide Elternteile sehr, doch diese sind so sehr in Streitigkeiten und in ihre eigenen Gefühle verstrickt, dass sie die Verlustängste und die Trauer des Kindes nicht wahrnehmen. Das Kind wird zu den Großeltern geschickt, damit es die Disharmonie nicht miterlebt, und fühlt sich dort nicht nur einsam, sondern auch existenziell gefährdet.

Seine ganze Welt stürzt in sich zusammen und es kann nichts dagegen tun, ja, es ist nicht einmal anwesend, um den Prozess wenigstens zu beobachten und sich selbst immer wieder neu zu sortieren. Es bekommt die Stadien der Trennung nicht mit, weiß aber, dass etwas unwiderruflich Katastrophales geschieht. Das, was gerade passiert, wird nie wieder gut und es kann nichts dagegen tun.

Weil das Kind vom Geschehen im Elternhaus abgeschottet ist, kann es die Trennung nicht Schritt für Schritt verarbeiten. Die Eltern setzen ihm eines Tages ein neues Lebensmodell vor, mit dem es klarkommen muss.

Wir können uns gut vorstellen, wie einsam dieses Kind ist, wie sehr es sich in Not fühlt und dass es sich in sich selbst zurückzieht. Die Einsamkeit eines Kindes ist unermesslich, wenn es emotional nicht verstanden wird, denn es kann sich noch nicht selbst verstehen oder innerlich halten. Es ist seinen Gefühlen und der Verlustangst ausgeliefert, wenn ihm niemand Sicherheit gibt. Und doch reagiert jedes Zeichen anders und setzt unterschiedliche Schwerpunkte in seinem Erleben.

Wie nehmen die verschiedenen Mondzeichen also diese bedrohliche Situation wahr und welche Schlüsse ziehen sie daraus?

Das Kind mit dem Mond im Widder

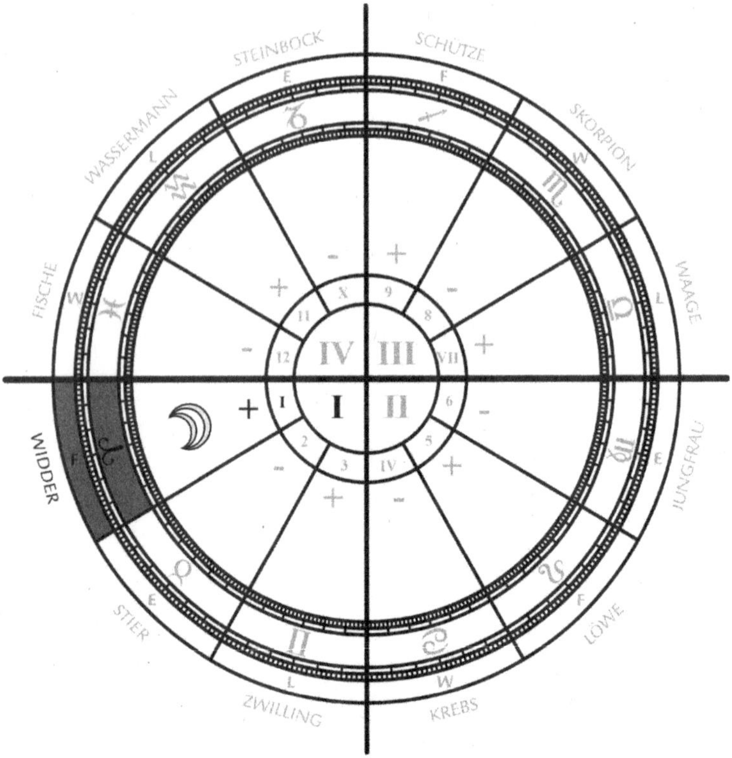

Das Tierkreiszeichen Widder wird von Mars, dem Krieger, bestimmt. Mars ist ein männliches Feuerprinzip und hier erkennen wir ein erstes mögliches Spannungsfeld zum weiblichen Wasserprinzip Mond. Denn in der Natur sind Feuer (Yang) und Wasser (Yin) zunächst nicht die besten Freunde: Feuer kann das Wasser so lange erhitzen, bis dieses verdampft, wohingegen Wasser das Feuer auf einen Schlag auslöschen kann. Erst im bewussten Umgang mit diesen beiden Elementen können wir uns einen wärmenden Tee oder eine kräftigende Suppe zubereiten!

Nun ist es ganz entscheidend für die Entwicklung des Kindes, ob und wie dieser Mensch seine Mars-Kräfte nach außen bringen kann und darf. Mars steht auch für die Aggression (lat. aggredere: an die Dinge herangehen). Wird diese nachhaltig in der Erziehung unterdrückt, so ist diese ja nicht weg. Was passiert, ist dies: Die aggressiven Energien wandern nach innen und werden zur Autoaggression. Im Sinne der Archetypischen Medizin (nach Ruediger Dahlke) können z.B. folgende Verstimmungen die Folge sein:

- Kopfschmerzen, Migräne, Magenentzündungen, Hautprobleme, Bruxismus (nächtliches Zähneknirschen), Nägelkauen, Autoimmunerkrankungen aller Art.

Für das Kind mit dem Mond im Widder ist es sehr wichtig, dass es seine Wut, seine Ohnmacht, sein »Nein« zu dieser schwierigen Trennungssituation ausdrücken darf. Mars ist ein männliches Zeichen und als solches will sein Ausdruck im Außen sichtbar werden. Dem Kind hilft es, wenn es toben, schreien und wütend sein darf. Es tut ihm gut, sich viel zu bewegen und laut zu sein.

Das innere Feuer sucht bei einem Feuerzeichen immer einen körperlichen Ausdruck. Das Kind braucht zumindest einen – im Idealfall männlichen – Erwachsenen[2], bei und mit dem es seine Wut und die emotionale Wucht seines Schmerzes körperlich ausleben darf. Geschieht dies nicht, kann es passieren, dass sich seine Aggression im Umgang mit anderen Kindern zeigt oder sich gegen

2 Wenn wir eine geschlechtliche Präferenz angeben, dann geht es in erster Linie um die inneren Anteile eines Menschen. Wir wollen nicht ausschließen und diskriminieren, sondern ganz im Sinne der Archetypen auf bestimmte Kräfte aufmerksam machen. Da der Widder ein männliches, nach außen gerichtetes Feuerzeichen ist, hilft ein Mensch mit ebendieser männlichen Kraft dem Kind, dieses Feuer als Kraftquelle statt als Bedrohung zu erleben. Ein weiblich orientierter Mensch würde trösten und Schutz geben, während ein männlich orientierter Mensch hilft, dem Feuer Ausdruck zu verleihen, was dem Kind in diesem Falle mehr entspricht.

sich selbst richtet. Es brodelt in ihm und es weiß nicht, wohin mit dem inneren Feuer der Angst und des Schmerzes.

So stellen sich, wenn im Geburtshoroskop der Mond im Widder steht, folgende Fragen:

- Durfte ich als Kind toben und laut schreien?
- Durfte ich meine Gefühle zeigen, indem ich ihnen physisch Ausdruck verlieh?
- Durfte ich meine Ungeduld, wenn etwas nicht klappte, wie ich es wollte, offen ausleben und war gleichzeitig in Sicherheit?
- Wurde mir z.B. gedroht, dass ich verlassen werde, wenn ich meine Wut über ein »Nein« der Eltern zeigte? (Zum Beispiel im Supermarkt, wenn ich keine Schokolade bekam: Drohte man mir, das nächste Mal dürfe ich nicht mitkommen, oder ging man einfach weiter, wenn ich mich auf den Boden warf und schrie?)
- Reagierten die Erwachsenen grundsätzlich gelassen und dennoch empathisch, wenn ich nach außen hin überreagierte und laut wurde?
- Wie ging man in meiner Familie generell mit Wut um, war es ein erlaubtes Gefühl?
- Durfte man in meiner Familie auch mal etwas gegen die Wand werfen, wenn dabei nichts Wichtiges kaputtging?
- Was passierte generell, wenn ich meine Gefühle körperlich zeigte, wenn ich als Kind also weinte, schrie, zappelte?
- Wurde ich dabei unterstützt, meine Gefühle körperlich auszudrücken, weil man wusste, wie wichtig das für mich ist?

Mond im Widder ist eine sehr feurige, impulsive Energie, die körperlichen Ausdruck braucht. Wenn ein Kind, das so impulsgesteuert ist wie das Widder-Kind, seine überbordenden Emotionen nicht körperlich ausleben darf, dann implodiert es förmlich. Es braucht einen Erwachsenen, der ihm die Sicherheit vermittelt, dass es sich austoben darf und dabei jederzeit geborgen bleibt. In der Sicherheit, dass es auch dann, wenn es sein Innerstes unzensiert ausdrückt, geliebt wird, findet es seine emotionale Heimat.

Schauen wir auf Licht- und Schattenseiten dieser Kombination, so zeigt sich bei einer freien und ungestörten Entwicklung des inneren Kindes die

Lichtseite mit der Chance zur Erkenntnis:

- zu emotionaler Transformation und gestalterischer Kreativität
- zu empathischem Mitgefühl und intuitiver Selbstreflexion
- zu »Verzeihen und Gnade« statt »Rache und Vergeltung«

Hier finden wir eine emotionale Seelenverwandtschaft mit der gesamten Schöpfung und empathische Hilfsbereitschaft für alle Lebewesen.

Wird die natürliche Entwicklung, in welcher sowohl Gefühl (Mond) als auch gesunder Tatendrang (Mars) fließen darf, unterdrückt, sanktioniert oder gar aggressiv »ausgetrieben«, dann wird die Seele nachhaltig verletzt, die dunkle Seite dieser Kombination kann sich breit machen, die

Schattenseite mit dem Risiko des Verdrängens:

- ungeordnete Gefühlslage und sprunghafte Launen
- nicht genau zu wissen, wo man/frau hingehört – hin- und hergerissen zwischen den Polen Feuer (Mars/Widder) und Wasser (Mond)
- Tendenz zu Selbstmitleid und übertriebener Opferbereitschaft

Wir wollen mit diesem Buch helfen, indem wir uns beider Seiten bewusst werden, Defizite erkennen und Verletzungen heilen. So werden wir ganz und befinden uns im Gleichgewicht von Licht und Schattenanteilen, in Harmonie und Balance. Hierzu kann folgender Leitsatz nützlich sein:

> *Erkenne in Dir Deine subjektiven, kreativen und intuitiven Anteile als Deine wahren inneren Schätze und bringe diese (selbst-) bewusst von innen nach außen, auch bei äußerem Gegenwind und Ablehnung. Denn Du weißt tief in Deinem Inneren: »In der Blöße liegt die Größe.«*

Das Kind mit dem Mond im Stier

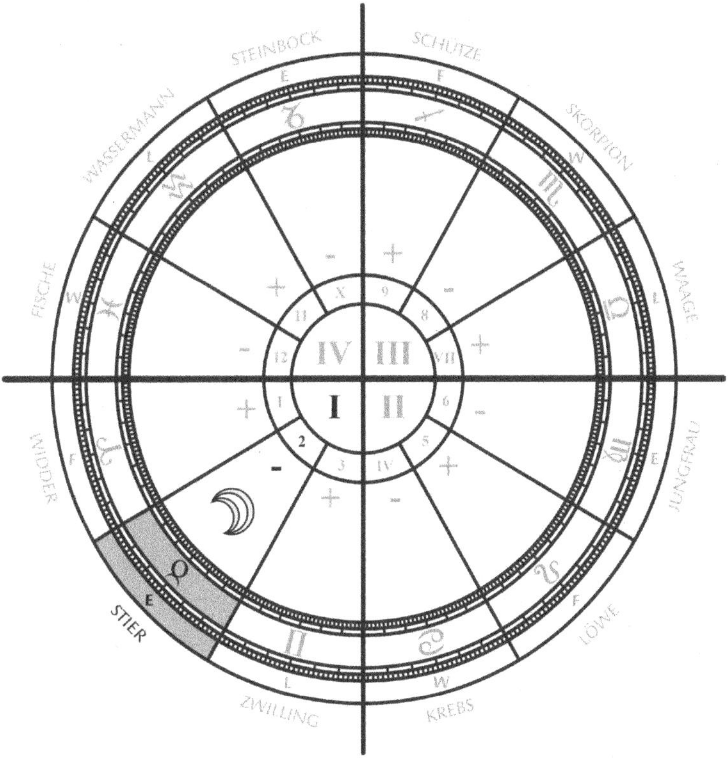

Hier begegnen sich zwei weibliche Prinzipien: Mond (Wasser) und Venus, die Göttin der Liebe und Eigenliebe. Wächst das Kind mit dieser Kombination in einem wohlbehüteten und fördernden Milieu auf, dann sorgt die für dieses Kind sehr wichtige emotionale Geborgenheit dafür, dass sich die Verwurzelung im eigenen Gefühl frei entfaltet. Das Kind fühlt: »Es ist alles in Ordnung, wie es ist. Ich bin im Vertrauen!« Menschen mit dieser Kombination spüren dieses (Ur-)Vertrauen ein Leben lang tief in ihrem Innersten, auch wenn im Außen Stürme und Orkane toben. Ein in sich ruhender gefühlvoller Mensch voller Empathie und Kreativität kann sich entwickeln.

Wird auf dieses weiche, sensible und bisweilen durchaus weinerliche Wesen des Kindes in der Erziehung keinerlei Wert gelegt oder Rücksicht genommen, wird sich das Kind zurückziehen. Fehlt die liebevolle Zuwendung vollkommen, so ist es auch mit seinen Zweifeln und Ängsten alleingelassen. Die normale emotionale Entwicklung gerät ins Stocken oder droht zu verkümmern.

Wächst ein Kind mit dieser Kombination (doppelt weiblich) in einem rein leistungsorientierten und eher »unterkühlten« Elternhaus auf, kann es zu einem Konflikt zwischen Innen und Außen kommen: Vielleicht spielt das Kind lieber mit Puppen, als sich im Kampfsport zu messen, wie es sein Vater möchte, um ihn auf diese »harte Gesellschaft« vorzubereiten, oder es liest lieber im gemütlichen Bett statt mit anderen Kindern draußen zu toben.

Natürlich ist es sinnvoll, das Kind nach draußen zu schicken, doch sein Bedürfnis nach Ruhe, nach Rückzug und danach, »heile Welt« zu erleben, sei es im Spiel mit Puppen oder beim Lesen, muss ernst genommen werden und braucht Raum.

Im Sinne der Archetypischen Medizin (nach Ruediger Dahlke) können z.B. folgende Verstimmungen die Folge sein: Unlust, innere Ängste, Niedergeschlagenheit, depressive Verstimmungen, Magersucht oder das Gegenteil: Fettsucht sowie Bulimie, Magenschmerzen, Verdauungsprobleme.

Das Kind, von dem wir in unserem Beispiel reden, braucht, um sich emotional sicher zu fühlen, körperliche Geborgenheit. Kocht jemand sein Lieblingsessen, darf es kuscheln, hat es ein gemütliches Zimmer, darf es sich ausruhen und erfährt es Zärtlichkeit, dann kann das Kind die Trennung verkraften, vorausgesetzt, die Geborgenheit, die es erlebt, bleibt beständig. Die Großeltern werden in diesem Falle zum emotionalen Zufluchtsort und das Kind fühlt sich wie in einem sicheren Kokon, der es von der in emotionaler Hinsicht lauten und unbeständigen Außenwelt abschirmt. Rückzug an einen physischen

Ort, an dem es sich geborgen fühlt, ist für dieses Kind in emotionaler Hinsicht lebensnotwendig.

So stellen sich mit dem Mond im Stier folgende Fragen, um den eigenen emotionalen Verletzungen auf die Spur zu kommen:

- Hatte ich als Kind einen Rückzugsort, an dem ich wirklich geborgen war und an dem von mir nichts gefordert wurde?
- Gab es einen Menschen, bei dem ich mich auf beständige Weise sicher fühlte und der mir auch für mich stimmige körperliche Zuwendung gab?
- Bekam ich mein Lieblingsessen und war ich von Harmonie und Ruhe umgeben?
- Erlebte ich emotionale Stabilität, indem meine Bezugspersonen beständig und für mich auf positive Weise[3] vorhersehbar reagierten?
- Erfuhr ich Verständnis für meinen Wunsch nach Beständigkeit und emotionaler Sicherheit oder wurde von mir ständige Neuanpassung gefordert, zum Beispiel durch Umzüge, Schulwechsel oder den Verlust von Freunden und Bezugspersonen?

Mond im Stier ist eine bedächtige Kraft, die Beständigkeit und Harmonie braucht, um sich entfalten zu können. Das Kind passt sich in emotionaler Hinsicht nur langsam an veränderte Lebensumstände an und braucht einen sicheren Raum sowie ungestörte Zeit, um seine Gefühle zu verarbeiten. Nach außen hin kann es aussehen, als würde es »etwas aussitzen«, wenn es sich nach innen zurückzieht und zum Beispiel nicht gleich antwortet, doch

---

3 Selbst negative Beständigkeit ist für ein Kind mit dem Mond im Stier besser zu verkraften als emotionale Sprunghaftigkeit.

in Wahrheit braucht das Kind Zeit, um sich innerlich neu zu sortieren. Es braucht einen geduldigen und gelassenen Erwachsenen, der ihm Raum gibt und der versteht, dass das Kind, auch wenn es nach außen hin stabil wirkt, ein sehr großes Bedürfnis nach Sicherheit und Harmonie hat. Gleichzeitig darf der Erwachsene verstehen, dass dieses Kind, selbst wenn es weinerlich ist, eine immense Kraft in sich trägt und, wenn man ihm Verständnis schenkt, statt ihm zu sagen, es solle sich zusammenreißen, zu einem sehr verlässlichen und in emotionaler Hinsicht Halt gebenden Menschen heranreifen wird.

Schauen wir auf Licht- und Schattenseiten dieser Kombination, so zeigt sich bei einer freien und ungestörten Entwicklung des inneren Kindes die

Lichtseite mit der Chance zur Erkenntnis

- zu ehrlichem Mitgefühl und tiefem Verzeihen
- zu emotionaler Transformation und helfender Fürsorge
- zu wärmender Nestwärme und natürlichem Fluss der Gefühle
- zu verwurzelter Seelenverwandtschaft mit allem Sein und der gesamten Schöpfung

Wird die natürliche Entwicklung, in welcher sich sowohl Gefühl (Mond) als auch liebevolle Zuwendung im Innen und Außen (Venus) entwickeln dürfen, unterdrückt, sanktioniert oder vorsätzlich behindert, dann wird die Seele nachhaltig verletzt, die dunkle Seite dieser Kombination kann sich breitmachen.

Schattenseite mit dem Risiko des Verdrängens:

- Man versucht zu viel ausschließlich über den Kopf zu machen

- Am liebsten würde man »Gefühle denken«.
- Man wird immer phlegmatischer, unselbstständiger und oberflächlicher.

Wir streben das Gleichgewicht von Licht und Schattenanteilen an, um ein Leben in Harmonie und Balance zu ermöglichen. Hierzu kann folgender Leitsatz nützlich sein:

Du erkennst Deine emotionalen Stärken, verwendest diese aber nicht gegen die anderen, sondern entwickelst Dich zu einem empathischen Menschen voller Mitgefühl und Fürsorge. Du erkennst und fühlst: »Wenn es den anderen gut geht, dann geht es auch mir gut.«

Das Kind mit dem Mond in den Zwillingen

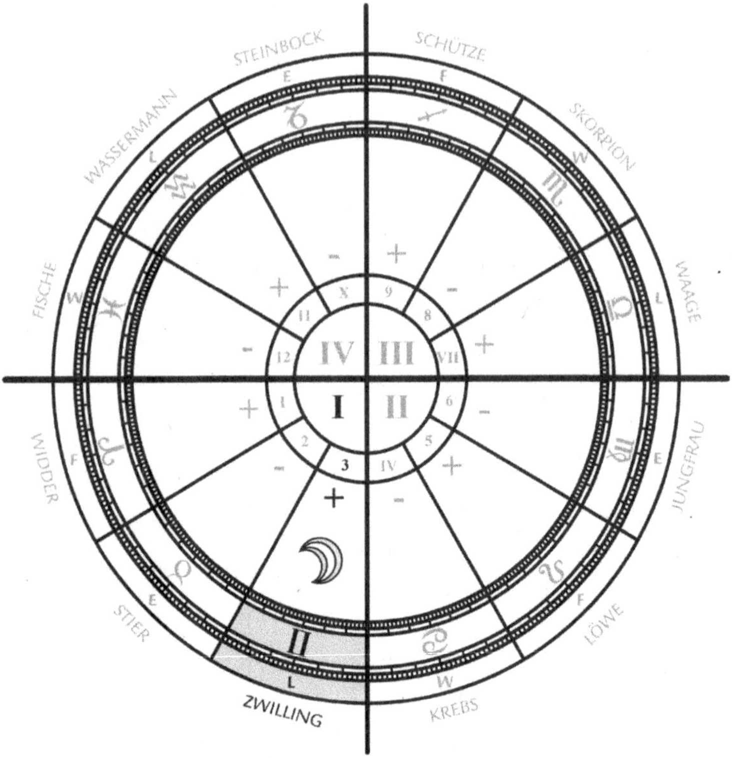

Hier begegnen sich das weibliche Wasserprinzip (Mond) und das männliche Luftzeichen (Merkur-Zwillinge). Die beiden Elemente vertragen sich ja gut in der Natur, wenn die Luft nicht zu heftig wird und z.B. das Meerwasser zu einem lebensgefährlichen Ort macht. Von Merkur sollten wir noch wissen, dass er symbolisch für Kommunikation und Austausch steht, er ist der Götterbote, der »oben mit unten« verbindet und umgekehrt.

Das heranwachsende Kind entfaltet sich in Balance, wenn beide inneren Anteile von der äußeren Wirklichkeit gleichermaßen angesprochen werden. Dies geschieht am besten durch gefühlvolle Kommunikation, denn hier kann sich Innen und Außen parallel entwickeln.

In unserer (eher oberflächlichen) »Kommunikationsgesellschaft« wird ein Kind häufig durch Videospiele, Internet oder TV »ruhiggestellt«, wahrhaftige Kommunikation von Mensch zu Mensch ist selten. Die Folgen können eine gestörte Kommunikationsfähigkeit, Sprachstörungen bis hin zu Stottern, verminderte Konzentrationsfähigkeit und eine Tendenz zur Oberflächlichkeit durch die Verdrängung von inneren emotionalen Prozessen sein.

In der Situation des Kindes, das die Scheidung seiner Eltern erlebt, ist es besonders wichtig, dass es seine Gefühle verbal ausdrücken darf und dass man ihm hilft, zu verstehen, was es fühlt. Genauso wichtig ist es, dass ihm ruhig und klar erklärt wird, was in der Familie geschieht.

Es spürt Geborgenheit und Liebe, indem man sich mit ihm hinsetzt, es ernst nimmt, also nicht mit Gemeinplätzen abspeist, und ihm die Gelegenheit gibt, zu verstehen, welche Veränderungen stattfinden und welche Konsequenzen sich dadurch für das Kind selbst ergeben. Das Kind muss auch unangenehme Fragen stellen dürfen und muss ehrliche Antworten bekommen. Es braucht echte, in emotionaler Hinsicht aufrichtige Kommunikation, damit es die Verbindung und die Nähe zu den Menschen spürt, von denen es abhängig ist.

Dieses Kind vor der Wahrheit zu »schützen«, weil es sie nicht verstehen könnte, würde es innerlich isolieren und ihm das Gefühl geben, ausgeschlossen zu sein. Damit verliert es den Bezug zu sich selbst, denn es spürt sich selbst in einer Stresssituation wie dieser nur über den wahrhaftigen Austausch. Es braucht jemanden, der sich die Mühe macht, ihm dabei zu helfen herauszufinden und auszudrücken, was es fühlt, was es will, welche Ängste es hat und was es sich wünscht.

Dem Menschen mit dem Mond in den Zwillingen helfen folgende Fragen, um die eigenen Verletzungen zu erforschen:

- Durfte ich den wichtigen Bezugspersonen sagen, was ich sagen wollte?
- Half man mir, meine Gefühle in Worte zu fassen und auf diese Weise zu erforschen, was ich fühle?
- Durfte ich auch unbequeme Fragen stellen und bekam ich ehrliche Antworten?
- Wurde ich ernst genommen, wenn ich etwas sagte, wurde mir zugehört?
- Durfte ich anderer Meinung sein als meine Bezugspersonen und durfte ich auch Bedürfnisse ausdrücken, die schwierig zu erfüllen waren?
- Wie wurde in meiner Familie kommuniziert: Kam man sich im Gespräch nahe oder gab es nur oberflächliches Gerede? Waren die Themen, über die man sprach, persönlicher Natur oder tauschte man Meinungen über Allgemeines aus?
- Habe ich gelernt, meine Gefühle, Ansichten, Wahrnehmungen und Bedürfnisse in Worte zu fassen, und wurde ich unterstützt, wenn ich es nicht konnte?

Wenn wir verstehen, dass ein Kind mit dem Mond in den Zwillingen über die Kommunikation mit anderen Nähe herstellt, dann verstehen wir, wie immens wichtig es ist, dass die Bezugspersonen in der Lage sind, ehrlich zu sagen, was sie denken und fühlen. Das Kind braucht einen Menschen, der es ernst nimmt und der sich die Mühe macht, ihm wirklich zuzuhören und ihm wahrhaftig zu antworten. Es ist sehr wissbegierig und darf in seinem Eifer, die Welt zu verstehen, indem es Fragen stellt, nicht allzu oft gebremst werden. Das Kind fühlt sich selbst und den anderen über die ehrliche Kommunikation. Redet man nicht mit ihm, dann kann es den Zugang zu den eigenen Gefühlen nicht entwickeln.

Schauen wir auf Licht- und Schattenseiten dieser Kombination, so zeigt sich bei einer freien und ungestörten Entwicklung des inneren Kindes die

Lichtseite mit der Chance zur Erkenntnis

- zu ansteckendem Mitgefühl und liebevoller Fürsorge
- zu gefühlvoller Empathie und vorurteilsfreier Hingabefähigkeit
- zu verzeihender Offenheit und gnädigem Verzeihen. Sprichwort aus Russland: Gnade ist die Stütze der Gerechtigkeit.

Wird die natürliche Entwicklung, in welcher sich im Innen Gefühl (Mond) und im Außen Kommunikation und Austausch (Merkur) entwickeln dürfen, unterdrückt, sanktioniert oder vorsätzlich behindert, dann wird die Seele nachhaltig verletzt, die dunkle Seite dieser Kombination kann sich breitmachen:

Schattenseite mit dem Risiko des Verdrängens

- oberflächlicher Smalltalk ohne jeglichen Tiefgang
- permanentes Gereizt- und Beleidigt-Sein ohne ersichtlichen Grund
- fehlende Selbstreflexion und Überprüfung der eigenen Meinung

Wir streben das Gleichgewicht von Licht und Schattenanteilen an, um ein Leben in Harmonie und Balance zu ermöglichen. Hierzu kann folgender Leitsatz nützlich sein:

Du verlässt immer mehr Deine Opferrolle und erkennst, dass auch Du (manchmal) Täter bist. Durch tiefe Kommunikation mit Dir selbst, Deinen wahren Gefühlen, Wünschen und Sehnsüchten reduzierst Du die Projektion auf Deine Umwelt und kommst in Deine eigene Harmonie und Mitte.

Das Kind mit dem Mond im Krebs

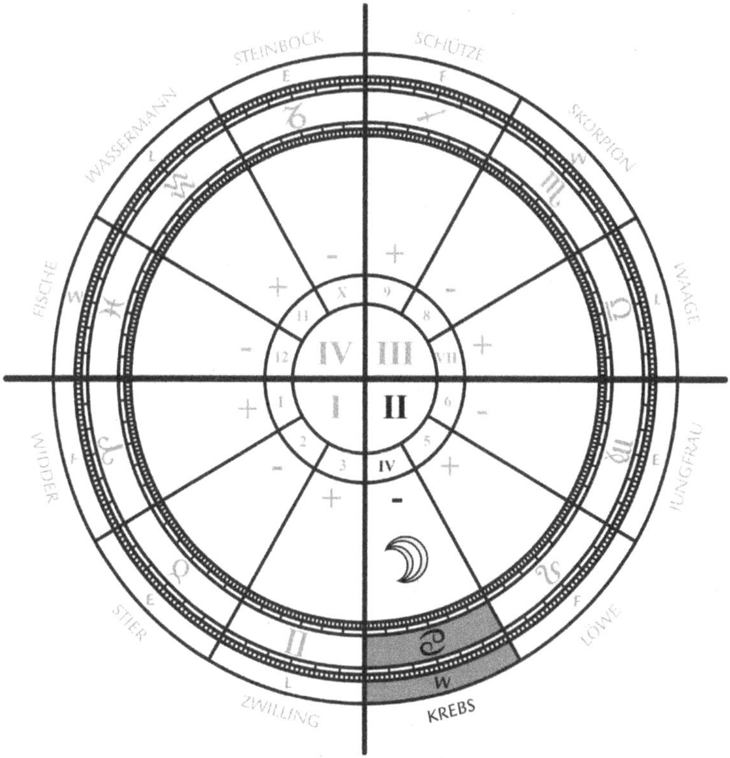

Hier befindet der Mond im Tierkreiszeichen des Krebs, welcher seinerseits vom Mond regiert wird. Wir haben somit eine doppelte Betonung des Seelenelementes Wasser vor uns, eine doppelte Dosis an Gefühl, Empathie, Sehnsucht nach Nestwärme und dem Wunsch nach Geborgenheit und emotionaler Zuwendung. Wohl dem Kind, welches diese Bedürfnisse erfüllt bekommt. Es kann sich zu einer kreativen, mitfühlenden Persönlichkeit entwickeln, zu einem liebenswürdigen Segen für sich selbst und sein gesamtes Umfeld.

Weit häufiger treffen wir jedoch auf das Gegenteil: Viele Eltern sind schlichtweg überfordert mit einem dermaßen sensiblen Kind, welches sozusagen das »Gras wachsen und die Flöhe husten hört«. Auch werden Spannungen im Außen (z.B. bei den Eltern) seismografisch registriert. Wird dies nicht liebevoll aufgefangen, kann sich das Kind wie ein Krebs in seine Höhle zurückziehen, in welcher es verstört und voller Angst lange Zeit zubringen kann.

Wird nun noch zusätzlich von Außen Druck aufgebaut durch Schule, Mitschüler, Mobbing oder durch die Eltern, leidet die Seele des Kindes mit Mond im Krebs enorm. Sie fängt an, sich als Opfer zu fühlen. Die innere Opferhaltung kann ein ganzes Leben beherrschen und ist oft verbunden mit psychosomatischen Erscheinungen wie Magenschmerzen, Erkrankungen der weiblichen Organe (z.B. Gebärmutter, Brust) und einer Beeinträchtigung des Wasserhaushaltes, die sich im Lymphsystem zeigt.

Für das Kind mit dem Mond im Krebs ist die Trennung der Eltern und die damit verbundene Ungeborgenheit katastrophal. Es hat nur wenig Widerstandskraft emotionalen Schwankungen gegenüber und ist sehr abhängig von emotionaler Sicherheit.

Es braucht dringend einen stabilen, am besten weiblichen Menschen, der es tröstet, mit ihm kuschelt, der ihm zuhört und der erkennt, dass es in dieser Situation starke Rückzugstendenzen hat. Wird ein Kind mit dem Mond im Stier still, dann verarbeitet es innere Prozesse. Wird ein Kind mit dem Mond im Krebs dagegen still, dann hat es sich auf ungute Weise in sich selbst zurückgezogen. Es funktioniert im Außen, doch es ist zutiefst einsam. Das Kind braucht mehr als alles andere emotionalen Schutz.

Es kann sein, dass es bei Stress in Verhaltensweisen zurückfällt, die seinem Alter nicht mehr entsprechen, es wird noch kindlicher und zeigt damit an, dass es noch mehr Schutz braucht als bisher. Es benötigt in der Situation, die wir uns anschauen, sehr viel Achtsamkeit und einen Menschen, der unverbrüchlich an seiner Seite ist, ja, der beinahe telepathisch erkennt, wann sich das Krebslein in sich zurückzieht und ihm dann nicht nur die Hand, sondern auch ein großes, mitfühlendes Herz reicht.

Das Schlimmste, was man diesem Kind antun könnte, wäre, ihm zu sagen: »Stell dich nicht so an.« Es wird dem Befehl folgen und ist damit emotional gesehen verschwunden, vielleicht für immer. Das klingt dramatisch, doch für einen Menschen mit dem Mond im Krebs ist der Verlust von emotionaler Sicherheit auch dramatisch. Folgende Fragen helfen, sich selbst besser zu verstehen:

- Durfte ich als Kind überhaupt empfindsam sein?
- Wurde ich getröstet und gehalten, wenn ich mich in mich selbst zurückgezogen habe?
- Ist mir bewusst, wie groß die Einsamkeit war, die ich als Kind womöglich erlebt habe?
- Hatte ich einen Verbündeten, der mich in meiner manchmal übergroßen Empfindsamkeit verstand und halten konnte, einen Menschen oder ein Tier?
- Wurde meine Empfindsamkeit als Geschenk erkannt, das mich im reiferen Alter besonders empathisch sein lässt, oder wurde ich als überempfindlich abgestempelt?

Das Kind mit dem Mond im Krebs braucht einen Erwachsenen, der beinahe Übermenschliches leisten muss, falls er nicht selbst sehr empathisch ist: Er muss erkennen, dass sich das Kind in sich zurückzieht, ohne dass man es ihm anmerkt. Es wird einfach ein wenig stiller und fällt weniger auf. Der Mensch, der sich um dieses Kind kümmert, muss sich sehr auf seine eigenen Empfindungen verlassen, um den Rückzug wahrzunehmen.

Es ist eher ein Gefühl als etwas, das man im Außen erkennen kann. Das Kind braucht einen sicheren emotionalen Hafen, der sich weniger durch äußere Fürsorge als vielmehr durch ständige emotionale Verfügbarkeit äußert. Für dieses Kind wäre es sehr hilfreich, ein Haustier zu haben, das es begleitet und mit dem es reden kann: einen treuen Hund oder eine liebevolle Katze zum Kuscheln.

Schauen wir auf Licht und Schattenseiten dieser Kombination, so zeigt sich bei einer freien und ungestörten Entwicklung des inneren Kindes die

Lichtseite mit der Chance zur Erkenntnis

- zu vorurteilsfreier Offenheit und liebevollem Verzeihen
- zu offener Selbstreflexion und bereichernder Gnade
- zu verzeihender Hingabefähigkeit und aktiver Empathie

Gregg Braden sagt dazu passend: »Das ist die Kraft des Segnens: Sie lässt die alte Denkmusterfalle von richtig und falsch nicht mehr zuschnappen, sondern erhebt uns darüber.«

Wird die empfindsame (manchmal auch empfindliche) Seele des Kindes immer mit Füßen getreten, regiert die dunkle Seite des Schattens, die

Schattenseite mit dem Risiko des Verdrängens:

- Man fühlt sich ständig als Opfer nach dem Motto: »Ich bin so gut und die Welt ist so schlecht zu mir.«
- Man zieht sich schmollend in die eigene Wohlstandshöhle zurück und erwartet, dass die anderen auf einen zukommen.
- Man verliert sämtliche Eigeninitiative und Freude am Leben, Folge: vegetieren JA, leben NEIN!

Wir streben das Gleichgewicht von Licht und Schattenanteilen an, um ein Leben in Harmonie und Balance zu ermöglichen. Hierzu kann folgender Leitsatz nützlich sein:

Du erkennst, dass Du nur Dir selbst schadest, wenn Du ständig auf der Stufe von Selbstmitleid und permanenter Verletztheit stehen bleibst. Mache es wie die Auster: Transformiere Deinen Schmerz und züchte so die wahrhaftige Perle (Deines Lebens).

Das Kind mit dem Mond im Löwen

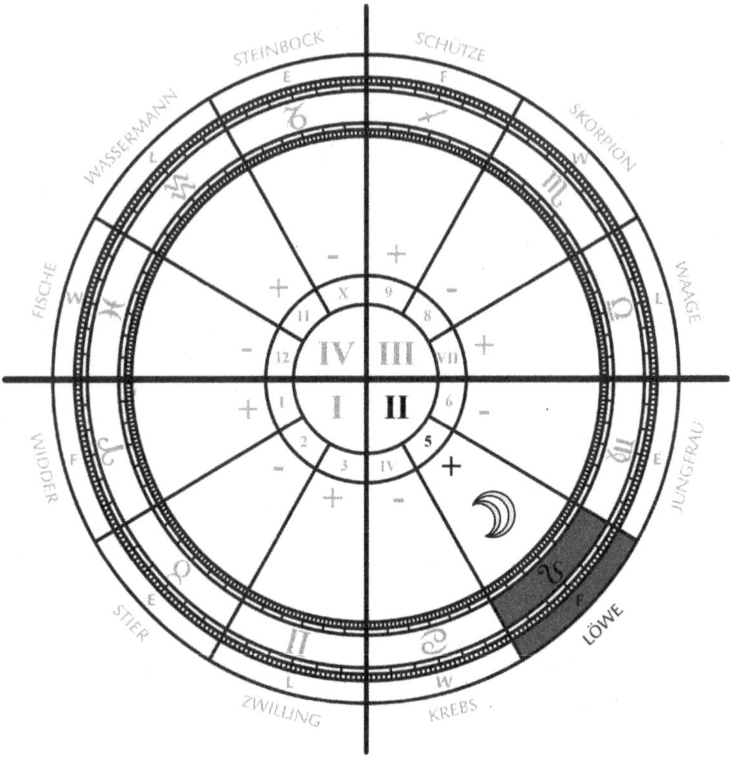

Nach dem Mond im Widder (Mar) ist dies die zweite Kombination zwischen einem (weiblichen) Wasserplaneten (Mond) mit einem (männlichen) Feuerplaneten (Löwe = Sonne). Die Sonne steht im Mittelpunkt unseres Planetensystems, und so möchte auch dieses Kind im Mittelpunkt stehen. Bei gesunder Hege und Pflege entwickelt es früh sein schauspielerisches Talent als geborener Bühnenmensch, es steckt seine Umwelt geradezu an mit seinem charismatischen Wesen voller Freude, Lachen und Gefühl.

Liebevolle Eltern achten auf das Ringen des Kindes zwischen innerer Verarbeitung (Mond) und äußerem Ausdruck (Sonne) mit dem Wunsch nach Applaus. Dies ist ein Kind zweier Welten, und beide Seiten wollen gleichermaßen gesehen und gelebt werden. Ein hilfreicher Schlüssel hierzu ist die Herzenswärme, die von den Eltern und der Umwelt auf das Kind überspringen kann. Fehlende Beachtung oder Ablehnung kann das Kind in eine tiefe innere (Sinn-)Krise stürzen.

Eine Folge kann sich in schlechter Laune bis hin zur depressiven Verstimmung des Kindes zeigen. Die Ausdruckskraft und Kommunikationsfähigkeit leidet, die Lust am Leben schwindet, das Lachen und die Freude vergehen. Diese Unterversorgung in Herzensangelegenheiten kann sich im späteren Leben z.B. in einem drohenden Herzinfarkt manifestieren: Zwar kann der Erwachsene im Außen erfolgreich, angesehen und wohlhabend sein, was seine innere Sehnsucht aber nicht stillen oder Leere nicht auffüllen kann.

Schauen wir auf das Kind aus dem Beispiel, so dürfen wir verstehen, dass es Nähe und Verbundenheit spürt, wenn es im wahrsten Sinne des Wortes gesehen wird. Es braucht ein laut ausgesprochenes Lob und offen gezeigte Anerkennung, damit es den Kontakt fühlt.

Das kann sehr anstrengend sein, wenn die Familie nicht erkennt, dass seine Suche nach Applaus seine Art ist, zu fragen: »Liebt ihr mich, nehmt ihr mich wahr, bin ich euch wichtig?« Das Kind mit dem Mond im Löwen braucht mehr als andere das Wissen, dass es seine Mitmenschen durch seine eigene Freude, sein Lachen und seine Einfälle beglücken und berühren kann. Es braucht ganz besonders in der schwierigen Zeit der Trennung ein deutliches positives Feedback, damit es sich selbst spürt und über den Spiegel der anderen den Kontakt zu sich selbst und dem, was es fühlt, herstellen kann.

Das Kind muss wissen, dass andere es sehen und hören, damit es erkennt: »Ich bin da, ich bin real, es gibt mich und ich bin in

Wechselwirkung mit meiner Umwelt.« Jedes Kind braucht diesen Spiegel, doch unser kleiner Löwe ist in seiner Selbstwahrnehmung davon abhängig, dass ihm andere zeigen: »Du kannst uns erfreuen, du machst das großartig, du bist in der Lage, in anderen Menschen positive Gefühle zu erzeugen, indem du dich zeigst.« Das ist wirklich wichtig: Es geht nicht darum, dass das Kind permanente Bestätigung braucht. Es braucht die Reaktion der Außenwelt, um sich selbst im Spiegel zu erkennen, es braucht die Reflexion von außen, damit es ein Gefühl für sich selbst bekommt.

Das Kind befruchtet die Welt mit sich und seiner Lebensfreude und es erkennt erst anhand der Reaktionen, welche Samen es in die Erde gelegt hat. Es braucht die Früchte seiner Arbeit, damit es sich selbst und seine Kraft in diesen Früchten erkennt. Weil das Zeichen »Löwe« ein sehr maskulines Zeichen ist, erkennen wir hier deutlich den Bezug zum Männlichen: Wie ein Vater sich selbst erst dann wirklich als Vater wahrnimmt, wenn sein Kind geboren und damit sichtbar ist, so nimmt sich das Kind erst dann als kompetentes soziales Wesen wahr, das stabile, ihm Sicherheit gebende Beziehungen zu anderen Menschen aufbauen kann, wenn es die sichtbare positive Reaktion als Antwort auf das, was es nach außen gibt, erhält.

Es ist ganz wichtig zu verstehen, dass hier nicht etwa das Ego eines Kindes gestärkt wird, sondern dass dieses Kind den positiven Spiegel braucht, weil es sich selbst und seine Verbindung zu anderen Menschen sonst nicht spürt!

Folgende Fragen helfen uns, das Kind in uns besser zu verstehen:

- Wurde ich oft gelobt?
- Bekam ich die Aufmerksamkeit, die ich brauchte, wenn ich meinen nahen Angehörigen etwas zeigen wollte, das ich gelernt hatte oder das ich gut konnte?
- War ich in der Lage, meine Angehörigen durch meine Lebens-

freude und das, was ich zeigte, glücklich zu machen? Erlebte ich mich also als Kind auf gute Weise machtvoll?

- Hatte ich das Gefühl, dass meine Anwesenheit andere erfreut, selbst wenn sie gerade in persönlichen Schwierigkeiten steckten?
- Bekam ich die Bühne, die ich brauchte, auch wenn die anderen gerade beschäftigt waren?
- Erkannten meine Angehörigen, dass ich mich nicht in den Mittelpunkt stellte, weil ich etwas Besonderes sein wollte, sondern weil ich dadurch lernte, wie im besten Sinne machtvoll meine Liebe ist?
- Wenn ich keine Aufmerksamkeit bekam und mich zurückzog, wurde mir dann »Beleidigt-Sein« unterstellt oder wurde erkannt, dass ich mich einsam fühlte?
- Erkannten meine Angehörigen, dass ich positive Aufmerksamkeit für das, was ich nach außen gab, brauchte, um die Beziehung zu ihnen wahrzunehmen?

Es ist schwierig, sich selbst einzugestehen, dass man als Kind sehr viel Lob und Aufmerksamkeit brauchte, weil es so verpönt ist und so rasch mit Gefallsucht gleichgesetzt wird. Gerade wenn ein Kind gefallen will, könnte man versucht sein, es zu ignorieren, damit es nicht eitel wird. Deshalb ist es umso wichtiger zu verstehen, dass sich das Kind mit dem Mond im Löwen vergewissern muss, dass es etwas Positives bei anderen bewirken kann. Nur dann bekommt es ein Gefühl für sich, für die eigene Kraft und, wie es in unserem Beispiel besonders wichtig ist, für die liebevolle Bindung an andere. Das Kind muss erleben, dass es andere durch sich selbst bereichern kann und dass es erfolgreich ist, wenn es andere glücklich machen will, damit es seinen inneren Reichtum erkennt. Nur dann kann es, wenn es heranreift, diesen Reichtum zum Wohle aller einsetzen.

Schauen wir auf Licht und Schattenseiten dieser Kombination, so zeigt sich bei einer freien und ungestörten Entwicklung des inneren Kindes die

Lichtseite mit der Chance zur Erkenntnis

- zu gefühlvoller Herzensgüte und strahlender Aura
- zu herzlichem Charisma und wahrhaftiger Autorität
- zu allumfassender Kreativität und aktivem Mitgefühl

Von Antoine de Saint-Exupéry stammt der Aphorismus: Man sieht nur mit dem Herzen gut.

Wird die individuelle Persönlichkeit des Kindes ignoriert oder abgelehnt, verkümmert die Seele und die dunkle Seite zeigt sich als

Schattenseite mit dem Risiko des Verdrängens:

- Unerfüllte Sehnsucht nach Anerkennung wird rücksichtslos eingefordert.
- Das Gefühl der eigenen Ohnmacht wird immer stärker.
- Die Gefühle der anderen werden mit Füßen getreten, solange es dem eigenen Fortkommen dienlich ist.

Gelingt es, Licht und Schattenseite in ein harmonisches Gleichgewicht zu bringen, das verletzte innere Kind zu heilen, entfaltet sich ein Mensch mit diesen Eigenschaften:

Du nimmst Deine eigene Stärke immer mehr als Geschenk wahr, weil Du auch den Schwächeren voller Herzensgüte helfen kannst; Du entwickelst sukzessive ein wohlwollendes Verantwortungsgefühl für Dich selbst und Deine gesamte Umwelt.

Das Kind mit dem Mond in der Jungfrau

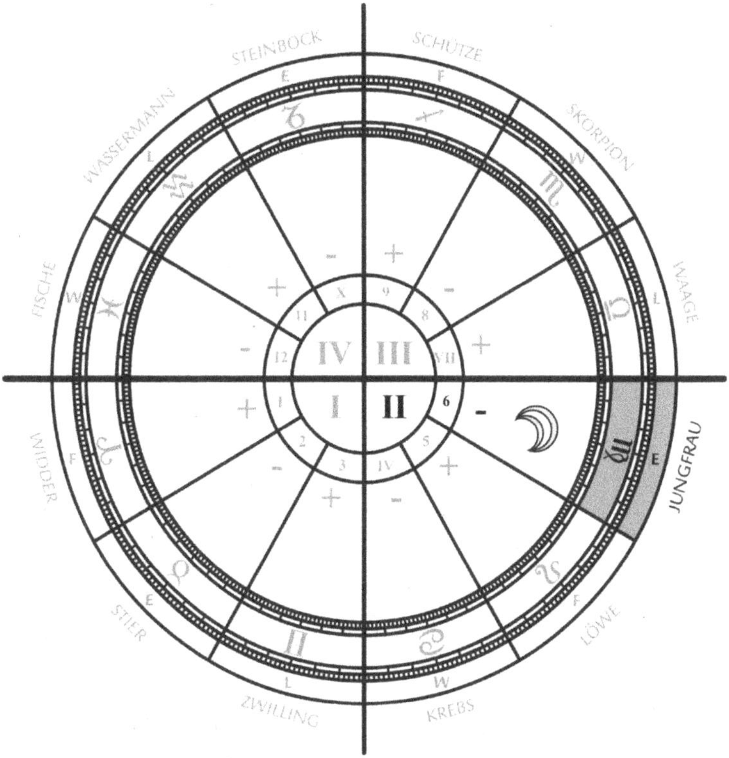

In der Beratungspraxis zeigt sich in dieser Kombination häufig ein (ungelöstes) Spannungsfeld zwischen Kopf und Bauch, zwischen rationalem Kalkül (Jungfrau = Merkur) und Gefühl (Mond). In unserer westlichen Welt, die auch noch heute primär von Männern regiert wird, bleibt das weiche, sensible Weibliche häufig auf der Strecke oder führt ein Schattendasein. Greifbaren Fakten wird vertraut, das Gefühlvolle, schwer Beschreibbare wird verdrängt oder als »Gefahr« für das Rationale stigmatisiert.

Dieses mögliche Dilemma zeigt sich naturgemäß auch in der Erziehung: Wird der rationale Anteil (Jungfrau = Merkur) überbetont, rutscht der intuitive, gefühlvolle Mond in den Mangel. Flapsig ausgedrückt: »Wir wollen Gefühle denken!« In der Folge entstehen emotional unterversorgte Charaktere, die durchaus im Außen in unserer Gesellschaft erfolgreich »funktionieren« können.

Im psychosomatischen Bereich können wir das Jungfrau-Prinzip auch in der Funktion des Dünndarms erkennen: Er trennt Spreu vom Weizen, entscheidet, was wir weiter verwerten und was wir ausscheiden. Sind wir emotional, sozial, psychisch oder auch spirituell »verstopft«, dann wird sich dies auch auf körperlicher Ebene zeigen. Empfinden wir Unbehagen, so haben wir Angst. Kurz ausgedrückt: Wir haben Verdauungsstörungen, wir können »etwas« nicht angemessen verdauen.

Jedes Familiensystem kann man mit einem Mobile vergleichen. Das Kind mit der Jungfrau im Mond ist in emotionaler Hinsicht sehr davon abhängig, dass jeder in der Familie an seinem richtigen Platz ist und das Familien-Mobile auf diese Weise ruhig und harmonisch bleibt. Das Mobile muss nicht vollständig, aber ausbalanciert sein.

Es geht dabei weniger um die Emotionen der Menschen als darum, dass sie im Familiensystem an dem Platz stehen, der zu ihnen passt und der ihnen gehört: dass also niemand einen Ersatz für einen anderen bilden muss oder in eine Rolle gedrängt wird, die er gar nicht erfüllen will. Die Vermeidung von Extremen ist für die emotionale Sicherheit dieses Kindes von größter Bedeutung.

Denn wie ein fein gestimmter Seismograf ein Erdbeben anzeigt, noch bevor es fühlbar wird, erfasst das Kind mit diesem Mondzeichen die systemischen und die daraus resultierenden Unregelmäßigkeiten seiner Umgebung. Erlebt die kleine Jungfrau Disharmonie in ihrer Umgebung, so nimmt ihr das jeden inneren Raum für sich selbst. Es braucht den verlässlichen, stabilen Halt der Erde und ihrer immer gleichen, nachvollziehbaren und messbaren Zyklen in Form einer klaren äußeren Struktur, um sich zu entspannen, sich sicher zu fühlen und dadurch in Kontakt mit sich selbst zu kommen.

Bekommt es diese Sicherheit nicht, erlebt es sich selbst als außen stehend, obwohl es ja in Wahrheit von dieser Situation in seiner emotionalen Sicherheit sehr stark betroffen ist. Es findet seinen Platz nicht, wenn das Mobile des Familiensystems schwankt, statt stabil zu hängen. Das Kind verliert den Kontakt zu sich und den eigenen Gefühlen und kann sich nicht einmal in seine Innenwelt zurückziehen, denn diese wird von einer lauten und unsteten Außenwelt gestört. Das Erdbeben findet, bildlich gesprochen, im inneren Raum des Kindes statt.

Um sich sicher zu fühlen, braucht es erlebbare Zeichen von Gleichmäßigkeit und Stabilität: wiederkehrende Rituale, eine ruhige Umgebung, in der sich sein Geist ausruhen kann und Harmonie erfährt. Diesem Kind ist seine eigene Gefühlswelt nur schwer zugänglich und es braucht viel äußere Stabilität, damit es in Kontakt mit seinen Emotionen kommen kann.

Das Erdzeichen »Jungfrau« zeigt sich bei diesem Kind als Wunsch nach Regelmäßigkeit, nach einer im besten Sinne erlebten Gleichmäßigkeit. Starke emotionale Ausbrüche der Großeltern oder Eltern, ständig wechselnde Bezugspersonen, Unbeständigkeit im Tagesablauf und Inkonsequenz in der Einhaltung von Familienregeln sind für dieses Kind so schädlich, dass es den Halt in sich selbst verliert und das, was geschieht, in emotionaler Hinsicht nicht mehr verdauen kann.

Dieses Kind erlebt Sicherheit durch wiederkehrende Rituale, die manchmal geradezu zwanghaft anmuten können. Das Kind findet emotionale Sicherheit und damit inneren Raum, um sich selbst zu spüren, wenn sich die Bezugspersonen »wohltemperiert« und vorhersehbar verhalten, gelassen und auf gute Weise gleichmütig sind. Dann bleibt der emotionale Erdbeben-Seismograf des Kindes ruhig und es kann sich selbst spüren, statt unbemerkt auf die Schwankungen der anderen zu reagieren. Diese Fragen helfen uns, die kleine innere Jungfrau zu entdecken:

- Gab es regelmäßige positive Rituale, die mir Sicherheit vermittelten?
- Stand in meiner Familie jeder am richtigen Platz oder gab es unangemessene Erwartungen an bestimmte Familienmitglieder?
- War mein Umfeld in emotionaler Hinsicht unstet und großen Schwankungen unterlegen?
- Wurde erkannt, dass ich mit Veränderungen in Wahrheit nur sehr schwer umgehen konnte?
- Verwechselten meine Bezugspersonen meine innere Einsamkeit und Abspaltung von meinen eigenen Gefühlen mit altklugem und sogar scheinbar reifem Verhalten?
- Wurde ich durch meine scheinbare Reife und Besonnenheit zum Gesprächspartner oder Berater für ein Elternteil?
- Erkannte jemand mein Bedürfnis nach Rückzug, Gleichmäßigkeit und einem geregelten Tagesablauf? Wirkte ich manchmal zwanghaft und wenig spontan?
- Erklärte mir jemand, dass die Gefühle anderer mit mir nichts zu tun hatten und half mir, bei mir zu bleiben und das zu erkennen, was ich selbst fühlte?

Das Kind mit dem Mond in der Jungfrau macht oft einen sehr stabilen und reifen Eindruck, es ist ruhig und scheinbar bewusst. Doch in Wahrheit hat es den Kontakt zu sich selbst verloren, wenn es starken Schwankungen ausgesetzt wird. Dem Kind in unserem Beispiel hilft es sehr, wenn es bei den Großeltern Rituale erlebt, die Ruhe, Harmonie und Sicherheit vermitteln. Das Kind fühlt viel tiefer, als man es ihm ansieht. Keine Streitereien und Diskussionen am Tisch, sondern ruhige, unaufgeregte Gespräche, die sich um Positives drehen. Es ist sehr hilfreich, wenn das Kind bei der Gartenarbeit oder beim Bau von etwas Verlässlichem zusehen oder helfen darf. Das ruhige, langsame und meistens vorhersehbare Wachstum der Pflanzen und die beständige Gartenarbeit oder Ähnliches vermitteln dem Kind das Vertrauen in immer wiederkehrende Rhythmen der Erde. Es braucht als Erdzeichen das Gefühl, dass es verlässliche Strukturen gibt. »Die Erde ist kein schwankendes Schiff, das den hohen Wellen trotzen muss, sondern sie ist stabil und gehorcht zuverlässig bestimmten Gesetzen, darauf kannst du dich verlassen«, ist die Botschaft, die das Kind benötigt, damit es sich in seinen inneren sicheren Raum zurückziehen und seine Gefühle verarbeiten kann. Man muss verstehen, dass es keinen inneren Rückzugsort hat, wenn es im Außen nicht sicher ist, denn die äußere Stabilität bestimmt und bedingt den eigenen inneren Raum dieses Kindes. Ist die Welt außen nicht sicher, dann ist sie es auch innen nicht, zumindest so lange nicht, bis sich das heranwachsende Kind aus dem tiefen Vertrauen in eine zuverlässige Welt heraus den eigenen inneren Raum geschaffen hat. Dann kann es auch mit Schwankungen umgehen, sie erfahren und die Gesetzmäßigkeiten auch im scheinbar Chaotischen erforschen, wie es seine Aufgabe ist.

Schauen wir auf Licht und Schattenseiten dieser Kombination, so zeigt sich bei einer freien und ungestörten Entwicklung des inneren Kindes die

Lichtseite mit der Chance zur Erkenntnis

- zu weitsichtigem Mitgefühl und sorgfältiger Fürsorge
- zu verzeihender Geduld und gnädiger Achtsamkeit
- zu rücksichtsvoller Bescheidenheit und dienender Ordnung

Wirklich achtsam ist, wer ganz bewusst in der Gegenwart lebt, im Hier und Jetzt, nicht (nur) in der Vergangenheit oder in der Zukunft.

Regiert die (grundlose) Angst (vor der Zukunft, vor den eigenen wahrhaftigen Wünschen und Sehnsüchten, vor Krankheit etc.), zeigt sich verstärkt die

Schattenseite mit dem Risiko des Verdrängens:

- Vor lauter Angst traut man sich immer weniger zu.
- Man verschanzt sich hinter Paragrafen und Regeln, um nicht aufzufallen, geschweige denn eine eigene Meinung zu vertreten.
- Man verausgabt sich in unzähligen »Nebenkriegsschauplätzen« und verliert das eigentliche Ziel immer mehr aus den Augen.

Ziel ist die Integration der Schattenseite, die Heilung des verletzten inneren Kindes. Und am Ende dieses Erkenntnis- und Ganzwerdungsprozesses könnte stehen:

> *Du wirst immer toleranter und mitfühlender aufgrund Deiner inneren Einstellung und Überzeugung, die aus meditativer Achtsamkeit für Dich und alle Elemente der Schöpfung entspringen, voller Klugheit, Weitsicht und Geduld.*

Das Kind mit dem Mond in der Waage

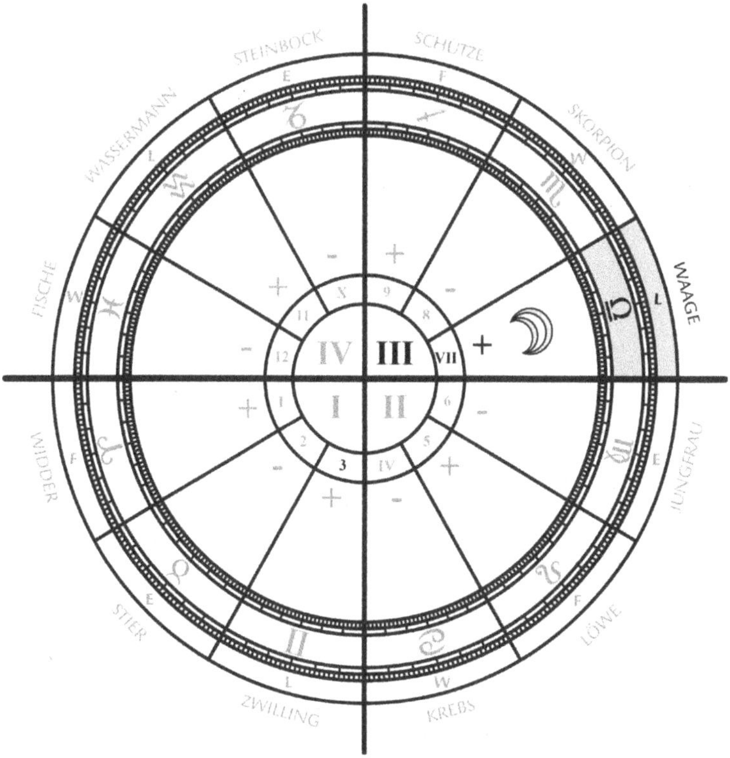

Eine Waage ist dann im Gleichgewicht, wenn auf beiden Waagschalen dasselbe Gewicht lastet. Dann hat keine der beiden Seiten Übergewicht und keine hängt in der Luft, wir nennen dies in *Balance oder in der Mitte sein*. Übertragen wir diese Metapher auf das Kind mit dem Mond in der Waage, so herrscht hier Gleichgewicht, wenn dem weiblichen Anteil des Mondes und dem (männlichen) Anteil von Venus-Waage gleichermaßen Beachtung geschenkt wird. Symbolisch steht die Venus-Waage für Begegnung und Beziehung, im Innen wie im Außen. Was dem inneren Kind also guttut, ist eine gefühlvolle Beziehung zu sich und der Umwelt.

Die Nieren sind als Paar-Organ der Waage zugeordnet, eine toxische Beziehung kann »an die Nieren gehen«, wie der Volksmund weiß, Nierensteine zeugen von einer verhärteten Beziehung. Streit und Konflikte im Außen können wie ein Supergau für das (innere) Kind erscheinen.

Das Kind in unserem Beispiel ist, wenn es den Mond in der Waage hat, haltlos wie ein Blatt im Wind, wenn es sich in einer emotional instabilen Situation befindet. Es versucht im Gegensatz zum Mond in der Jungfrau nicht auszugleichen, sondern es verliert sich im Strudel der Gefühle anderer.

Das ausgleichende Element, das man einer Waage zuordnet, greift nicht, wenn es sich um den Mond (Gefühle) statt um die Sonne (das äußere Auftreten) in der Waage handelt. Das Kind ist dem Hin und Her seiner Umgebung ausgeliefert, ohne sich, wie zum Beispiel das Krebs-Kind, wenigstens nach innen retten zu können.

Wenn man sich vorstellt, dass dieses Kind ein Luftzeichen ist, dann hilft dieses Bild: Eine Wolke wird von einem großen Ventilator zerrissen und einfach verweht. Die Wolke ist das Gefühl des Kindes für sich selbst, der Ventilator ist das instabile, heftige Gefühlschaos seiner Umgebung. Es bleibt nichts übrig und doch ist die Wolke, wenn auch aus dem Zusammenhang mit sich selbst gerissen, vorhanden. Das Kind weiß wirklich nicht mehr, wer es ist. Es kann weder sagen, was es braucht und will, noch, was es fühlt, weil es für sich selbst nicht mehr fühlbar vorhanden ist.

Dieses Kind wird nicht um Hilfe rufen, es wird nicht schmollen, es verschwindet einfach. Von außen sieht es angepasst und vielleicht sogar zufrieden aus, doch es ist zur willenlosen Puppe geworden, wenn es der emotionalen Zerrissenheit seiner Umgebung ausgeliefert ist. Es braucht unbedingt emotionale Beständigkeit und Stabilität, an der es sich festhalten und orientieren kann. Eine einzige Person, die ihm Halt gibt und sorgsam auf seine Bedürfnisse nach emotionaler Harmonie achtet, genügt.

Es geht für das Waage-Kind weniger darum, in seinen Gefühlen verstanden und unterstützt zu werden, als ganz grundsätzlich den Kontakt zu sich selbst nicht völlig zu verlieren, weil es, bildlich gesprochen, verweht. Findet dieses Kind bei seinen Großeltern eine ruhige, angenehme Atmosphäre vor, in der es echte Freundlichkeit und einen wohlwollenden, liebevollen Umgang erlebt, dann kann es sich entspannen und bei sich bleiben.

Es braucht viel Ruhe und emotionale Harmonie, damit es die Trennung der Eltern meistern kann, sonst verliert es mehr als alle anderen Zeichen den Kontakt zu sich selbst nahezu vollständig. Das, was man als »die eigene Mitte« bezeichnet, ist bei diesem Kind, wenn es sich verloren hat, ein leerer Raum, den es mit Ideen darüber, wie es selbst zu sein hat und wie das Leben sein sollte, füllt, statt sich selbst und die eigenen Träume, Gefühle, Wünsche und Bedürfnisse zu spüren. Diese Fragen helfen, sich und dem inneren Kind näherzukommen:

- Weiß ich oft nicht, was ich fühle, selbst wenn ich mich darauf konzentriere?
- Kann ich in Wahrheit nicht viel damit anfangen, wenn mir jemand sagt, ich solle in »meine Mitte« kommen?
- Hatte ich als Kind einen beständigen Begleiter und damit einen Anker für mich, der mir in emotionaler Hinsicht Gleichmut und Gelassenheit vermittelte?
- Nehme ich mich oft nicht richtig wahr, sondern denke darüber nach, was ich fühlen sollte, statt wirklich etwas zu fühlen?
- Machen mir starke Gefühle, eigene und die anderer, Angst, weil ich in mir keinen Halt finde?
- Habe ich Idealvorstellungen darüber, was man in einer Situation fühlen sollte, weil ich da, wo meine Gefühle sein sollten, in Wahrheit nur Leere wahrnehme?

Das Kind mit dem Mond in der Waage braucht äußere und emotionale Beständigkeit, damit es eine Chance hat, sich zu fühlen und bei sich zu bleiben. Es braucht mehr als viele andere Zeichen seine eigene Reifung, damit es lernt, wie es den Halt, den es allzu rasch verliert, in sich selbst finden kann.

Ein großes Tier, das auch körperlich präsent ist, wie ein ruhiges, verlässliches Pferd, eine dem Menschen zugewandte Katze oder ein freundlicher Hund, an dem es sich als Kind festhalten und mit dem es eine beständige Beziehung führen kann, ist äußerst hilfreich.

Doch auch ein Erwachsener, der ihm mit Gleichmut und liebevoller Freundlichkeit begegnet und selbst emotional von ihm unabhängig ist, hilft dem Kind, einen Anker zu finden. Man darf nicht unterschätzen, wie leicht sich dieses Kind in Luft auflöst und sich selbst nicht mehr spürt. Es setzt in diesem Falle anstelle dessen, was es wirklich fühlt, ideale Gefühle, Wunschvorstellungen und die Erfüllung der Erwartung anderer ein. Nicht einmal sein eigener Schmerz ist ihm mehr zugänglich, es fühlt, was es glaubt, fühlen zu sollen.

Die Waage-VENUS ist ein Luftzeichen, im Vergleich zu erdigen Stier-VENUS. Sie liebt Ästhetik, die schönen Künste, Musik, Malerei, Ballett, Theater, leichtes und geschmackvolles Essen und Trinken. Sie liebt es, sich zu schmücken wie auch attraktiv und anziehend zu kleiden, ihr Anspruch ist das schöne Leben. Eine Erziehung, die diese Sehnsüchte erkennt, stärkt die

Lichtseite mit der Chance zur Erkenntnis

- zu ausgleichender Friedfertigkeit und diplomatischer Emotionalität
- zu Sinn für Ästhetik und mitfühlender Gerechtigkeit
- zum empathischen Miteinander und balancierender Gleichmut

- zur Abkehr vom landläufigen Grundsatz: Auge um Auge – Zahn um Zahn zugunsten einer Kultur des Verzeihens ohne Groll oder Hintergedanken

Eine Außenwelt, die die Bedürfnisse des (inneren) Kindes mit Füßen tritt, fördert die

Schattenseite mit dem Risiko des Verdrängens:

- Übertriebene Harmoniesucht führt schlimmstenfalls in die Feigheit und Unterdrückung der eigenen Bedürfnisse.
- Wer es allen recht machen will, wird zum »Fähnchen im Wind«.
- Die Süße des Lebens weicht zusehends einer feigen Selbstverleugnung der eigenen Wünsche und Sehnsüchte.

Dieser Leitsatz zeugt von einer Integration der dunklen Anteile und führt in ein harmonisches Leben im Gleichgewicht von ICH und DU:

> *Du strahlst immer mehr und immer häufiger eine außerordentliche Kraft der Harmonie und Gleichmut aus, getragen von innerer emotionaler Fülle und Reichtum. Du erkennst im DU das ICH und lebst in Balance nach dem Prinzip: Du und ich sind eins.*

Das Kind mit dem Mond im Skorpion

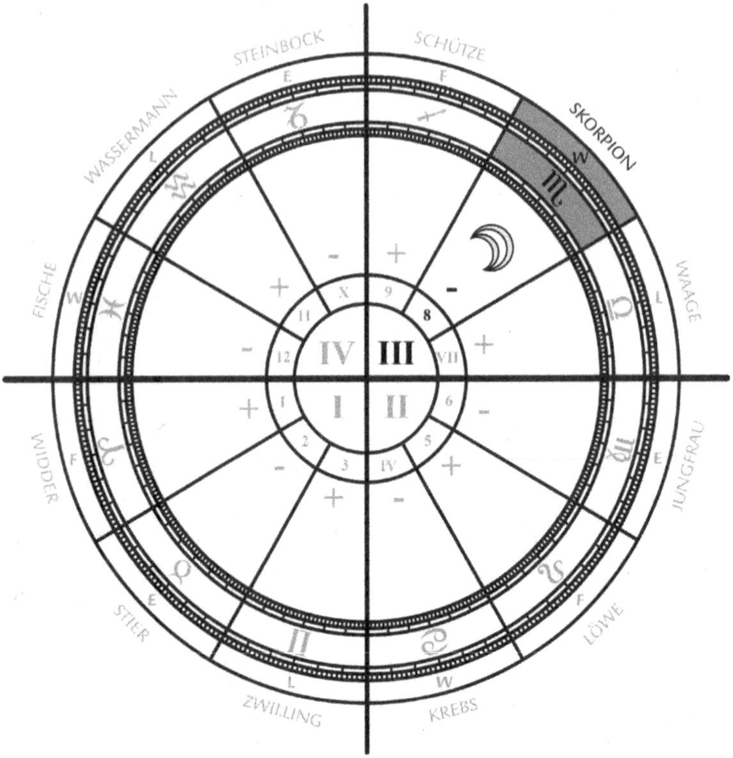

Wie bei der Kombination Mond im Krebs treffen hier zwei (weibliche) Wasserprinzipien aufeinander. Pluto (der Gott der Unterwelt) ist der Herrscher des Tierkreiszeichens Skorpion – ein weibliches Wasserzeichen. Pluto wurde erst 1930 entdeckt, davor war Mars der Herrscher von Skorpion. Kein Wunder also, dass Pluto bisweilen auch als »weiblicher Mars« bezeichnet wird.

Das Kind mit dem Mond im Skorpion möchte den Dingen auf den Grund gehen, es hat emotionalen Tiefgang, ist ungemein feinfühlig und sensitiv, es spürt, »was los ist«, lange bevor es andere wahrnehmen oder wahrhaben wollen. Wird diese Fähigkeit gefördert, entwickeln sich im späteren Leben begnadete Therapeuten, Heiler, Psychologen oder tiefgründige Erwachsene. Sie wandeln die eigene innere Aggression in konstruktive Energie und Tatkraft für sich selbst und andere.

Der Skorpion verfügt über einen lebensgefährlichen Stachel. Wird das Kind mit dem Mond im Skorpion unterdrückt oder werden seine Fähigkeiten als krankhaftes Verhalten abgestempelt, dann kann es sein, dass es den Stachel gegen sich selbst richtet. Die gesunde Aggression wird zur Autoaggression, Autoimmunerkrankungen können sich entwickeln. Das Kind muss viel schlucken und so ist vor allem der (Dick-)Darm gefährdet. Auch können aus Selbstschutz sadistische Verhaltensweisen entstehen, oder die Suche nach einem Sündenbock (Projektion).

Das Kind in unserem Beispiel braucht, um sich geborgen und stabil zu fühlen, etwas sehr Unkindliches, weswegen es ihm rein intuitiv oftmals vorenthalten wird: radikale emotionale Ehrlichkeit in Bezug auf das, was innerhalb der Familie geschieht, und das auf eine Weise, die das Kind versteht.

Dieses äußerst feinfühlige Kind kann sehr viel besser mit einer Situation umgehen, in der ihm eine unangenehme emotionale Wahrheit zugemutet wird, als man einem Kind zutrauen würde. Es kommt mit Geheimnissen nicht klar. Gleichzeitig ist es sehr wichtig, dass man auf die Bedürftigkeit und Verletzlichkeit des Kindes selbst Rücksicht nimmt und auf keinen Fall von ihm erwartet, dass es die schmerzlichen Gefühle der Erwachsenen zu mildern versucht oder gar auf sich nimmt.

Ihm zu sagen, was man wirklich fühlt, ohne es dafür verantwortlich zu machen oder sich von dem Kind Trost und Verständnis zu erhoffen, ist eine sehr hohe Anforderung, doch das ist es, was dieses Kind braucht. Es muss wissen, was los ist, denn es spürt das sowieso. Gleichzeitig braucht es seinen eigenen sicheren Raum, in dem es mit den Gefühlen anderer nicht belastet wird. Für dieses

Kind wäre es äußerst hilfreich, wenn sich jemand mit ihm in einer ruhigen Minute hinsetzt und ihm ein emotionales Update gibt: rein informativ, ohne unterschwellig etwas von ihm zu fordern.

Kinder mit dem Mond im Skorpion sind in emotionaler Hinsicht so feinfühlig, dass sie reifer erscheinen als andere, und das stimmt auch. Gleichzeitig darf man sie mit den Gefühlen anderer nicht belasten und von ihnen weder Fürsorge noch Rücksicht erwarten. Wenn man einem solchen Kind erklärt, warum z.B. die Mutter weint oder traurig ist und ihm gleichzeitig ermöglicht, zu spielen, selbst zu weinen, zu toben, zu lachen und keine Rücksicht nehmen zu müssen, dann fühlt sich das Kind stabil und geborgen. Mit dem Kind über die Tiefe der Gefühle zu reden, ohne Rücksichtnahme oder Verständnis zu erwarten, ist sicher fast nicht möglich.

Und doch ist es das, was das Kind braucht. Es muss wissen, was los ist, darf aber in seinen eigenen Gefühlen und seinem Selbstausdruck nicht damit belastet werden. Diese Fragen helfen, dem inneren Kind näherzukommen:

- Wurde mir in Bezug auf die Gefühle innerhalb der Familie die Wahrheit gesagt?
- Gab es Familiengeheimnisse?
- Durfte ich alles fragen, was ich wollte, und bekam ich eine ehrliche Antwort?
- Wurde mir oft gesagt, ich bilde mir das, was ich wahrnehme, nur ein?
- Habe ich aufgrund meiner Feinfühligkeit die emotionalen Defizite und Probleme der anderen auf mich genommen?
- Wurden mir meine eigenen Gefühle geglaubt oder verlernte ich, mir selbst und dem, was ich fühle, zu vertrauen?

- Durfte ich meine Aggressionen und Ängste zeigen oder wurde ich beschwichtigt?
- Erkannte man in der Familie, dass meine Gefühle ganz besonders stark und tief sind?

Der Mond im Skorpion hat die Aufgabe und die Fähigkeit, sich mit emotionalen Grenzgebieten zu beschäftigen. Das Kind gerät durch tiefe Gefühle anderer nicht aus seinem Gleichgewicht, solange diese auf eine Weise, die das Kind versteht, offen ausgesprochen oder zumindest nicht verleugnet werden. Das Kind braucht einen Erwachsenen, den es alles fragen darf, was es wissen möchte, auch dann, wenn es unangenehm und peinlich wird. Dieser ideale Erwachsene kann auch die Gefühle des Kindes in aller ihrer Tiefe halten, ohne sie schönzureden. Der wichtigste Halt ist die für das Kind verständlich ausgedrückte emotionale Ehrlichkeit der Erwachsenen. Transparenz und emotionale Klarheit helfen diesem sehr komplexen Kind, sich in einer geheimnisvollen und oft auch bedrohlichen Welt zurechtzufinden.

Beleuchten wir bei positiver Entwicklung zunächst die
Lichtseite mit der Chance zur Erkenntnis

- zu emotionaler Wandlungsfähigkeit und Transformation des Gefühls
- zu mitfühlender Opferbereitschaft und idealistischer »Ergebenheit«
- zu Metamorphose durch Schattenarbeit und fürsorglicher Veränderung

Friedrich Schlegel sagt: »Die Quelle des Ideals ist der heiße Durst nach Ewigkeit, die Sehnsucht nach Gott, also das edelste unserer Natur.«

Die dunkle Seite zeigt sich (leider) nicht nur im Individuum, nein, ganze Gesellschaften befällt die Geisel der Projektion mit z.T. tödlichem Ausgang: Verfolgung von Minderheiten und Andersgläubigen (z.B. Judenhass im 3. Reich, Kreuzzüge, (islamistische) Märtyrer). Hier bewegen wir uns auf der

Schattenseite mit dem Risiko des Verdrängens:

- Man vergiftet sich selbst immer mehr mit Hassparolen, Verachtung, Rachsucht und lebensfremden Ideologien.

- Man entdeckt sofort den »Spreißel im Auge von anderen«, den »Balken im eigenen Auge« sieht man schon lange nicht mehr.

- Alle anderen sind schuld, nur nicht man selbst!

Die Lösung liegt (wie immer) in der Mitte, in der Integration der Schattenseite finden wir Ganzwerdung und Heilung:

> *Du hörst auf Deine innere Stimme, die Dir genau sagt, was gut ist für Dich und was nicht. Dies gilt auch für die unzähligen (emotionalen) Heilsangebote, die in einer falsch verstandenen Esoterik ohne Umwege die Erleuchtung bringen sollen. Du vertraust vor allem Deinem (Bauch-)Gefühl und bleibst Dir selbst treu.*

Das Kind mit dem Mond im Schützen

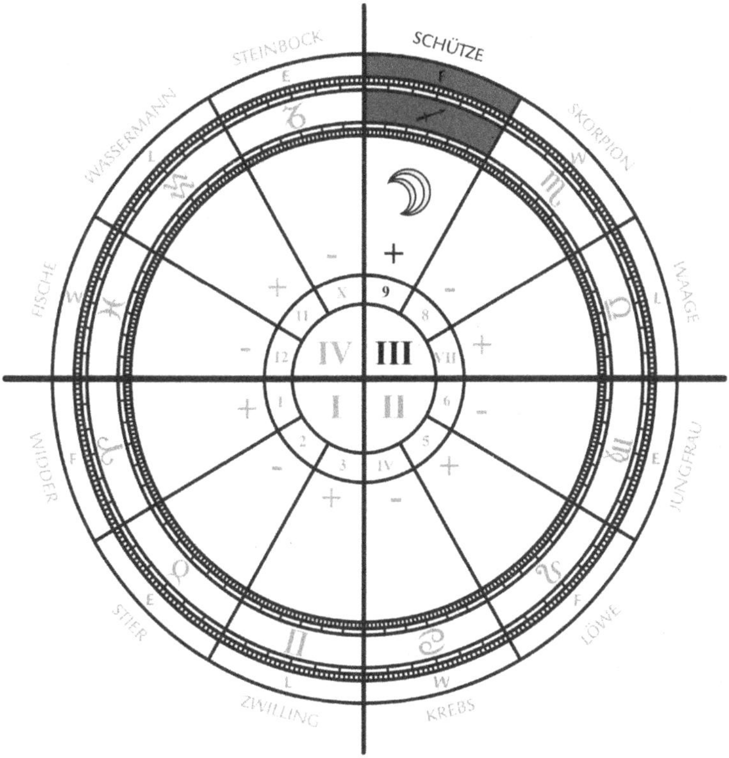

Das Tierkreiszeichen Schütze wird von Jupiter, dem sogenannten geistigen Feuer, beherrscht. Ähnlich wie bei Mars (Widder) und Sonne (Löwe) ist Jupiter ein männliches Feuerprinzip und hier erkennen wir ein erstes mögliches Spannungsfeld zum weiblichen Wasserprinzip Mond. Erfahrungsgemäß zeigt sich dieses häufig als ein Interessenkonflikt zwischen Kopf (Jupiter) und Bauch (Mond).

Dieses mögliche Dilemma zeigt sich naturgemäß auch in der Erziehung: Wird (nur) der rationale Anteil (Schütze = Jupiter) gefördert und betont, zieht sich der intuitive, gefühlvolle Mond immer stärker zurück und beginnt ein Schattendasein zu führen. Nicht selten entstehen dadurch zwar »kluge Köpfe«, die aber emotional unterbelichtet sind. Stattdessen hält sich der Verstand für großartig und wuchert wild in bisweilen maßlosen »Mindgames«.

Jupiter steht symbolisch (auch) für den Sinn des Lebens, eine harmonische und glückliche Einlösung wäre folglich für das Kind mit dem Mond im Schützen, durchs Gefühl (Mond) dem Sinn des Lebens näherzukommen. In der archetypischen Medizin ist Jupiter primär verbunden mit Leber, Hüfte, Oberschenkel und glatter Muskulatur.

Das Kind mit dem Mond im Schützen braucht positive Zukunftsaussichten, Freiheit, Freude und Treffen mit Gleichgesinnten. Für dieses Kind wäre die Situation der Trennung besonders schwierig, wenn es seine Freunde und seine Möglichkeiten, zu spielen, vermissen müsste.

Es braucht für seine emotionale Stabilität viel Raum, um sich auszutoben, zu lachen und seine großartigen Fantasien mit anderen zu teilen. Gerade, wenn es Angst bekommt, weil sich sein Leben durch die Trennung der Eltern verändert und es emotionalen Schmerz erlebt, braucht es einen Ausgleich, indem man ihm die Möglichkeit bietet, das Leben in seiner Schönheit und Vielfalt zu erleben: Ausflüge in Freizeitparks, auf einen Pferdehof oder eben das, was dem Kind wirklich Freude bereitet.

Das ist für dieses Kind keine Ablenkung, kein Ersatz für Geborgenheit, sondern Lebenselixier. Die Quelle seiner Kraft ist seine ungebremste Hoffnung auf eine großartige Zukunft. Mit ihm zusammen optimistische Lebensentwürfe zu planen, es in seiner Vision zu unterstützen, hilft dem Kind, bei sich zu bleiben und den Lebensmut nicht zu verlieren. Das Kind mit dem Mond im Schützen zieht seine innere Stabilität aus ungebremster Fantasie und Lebensfreude.

Man darf ihm nicht verwehren zu lachen, zu singen und zu tanzen, zu toben, sich zu freuen und von einer großartigen Zukunft zu träumen. Traurige oder überforderte Großeltern, gestresste, verletzte Eltern, die nicht verstehen, dass das Kind, gerade weil es so verängstigt ist, Freude und Lebenslust zelebrieren muss, sind für dieses Kind sehr ungesund. Geborgenheit und Sicherheit sind natürlich auch für dieses Kind sehr wichtig, doch noch wichtiger ist es, dass es sein Feuer der Inspiration und Leidenschaft nicht durch kleinmütige und kontrollierende Bezugspersonen verliert.

Das Kind braucht jemanden, der ihm Mut macht, groß und »unrealistisch« zu träumen und der seine Lebensentwürfe nicht zurechtstutzt. Es braucht keine »realistische Sicht« auf die Dinge, sondern Unterstützung in seinen Visionen von einer besseren Welt. Das Kind verliert sonst den Zugang zu sich und dem, was es im Innersten zusammenhält: der Vision einer wunderbaren, großen Zukunft, die ihm trotz allem Mut zu leben macht, weil es seine Talente ungehindert entfalten kann und darf.

Fragen, die helfen, dem inneren Kind mit dem Mond im Schützen zu begegnen:

- Wurden meine Zukunftsfantasien belächelt oder als unrealistisch abgetan?
- Wuchs ich in einem großzügigen Umfeld auf, in dem meine möglicherweise ungewöhnlichen Talente gefördert wurden?
- Wurde in meiner Umgebung viel gejammert und geklagt?
- Musste ich Rücksicht auf ein depressives, trauriges, zurückgezogenes Familienmitglied nehmen?
- Durfte ich meiner Fantasie beim Spielen freien Lauf lassen?
- Hieß es oft: »Erst die Arbeit, dann das Vergnügen«?

- Freute sich meine Familie an meiner Lebendigkeit, konnte ich andere mitreißen oder wurde mir gesagt, ich solle nicht so laut sein und mich zurückhalten?

Das Kind mit dem Mond im Schützen braucht einen Erwachsenen, der ihm Mut macht, seine Träume und hochfliegenden Pläne ernst zu nehmen. Es braucht jemanden, der ihm zeigt, wie man erfolgreich in dem wird, was man gerne tut, statt es kleinzureden oder die Träume des Kindes zurechtzustutzen. Wenn ein Erwachsener Zeit mit dem Kind verbringt, in dem es seinen kreativen Ideen Ausdruck verleihen darf, sei es, dass man sich die Mühe macht, mit dem Kind in der Werkstatt etwas zu bauen, sei es, Ausflüge zu machen, Koch- oder Backrezepte auszuprobieren, Puppenkleidung zu nähen oder zusammen auszureiten, dann fühlt sich das Kind gesehen und geborgen. Der Mond im Schützen ist sehr aktiv und sprudelt über vor Ideen, was man alles unternehmen könnte. Einem Kind zu vermitteln, dass man sich sehr gerne mitreißen lässt, sogar dann, wenn man traurig ist, gibt ihm das Gefühl, dass sein inneres Feuer andere befruchten und begeistern kann. Dieses positive Gefühl der Ermächtigung trägt das Kind durch die Verluste und Schwierigkeiten hindurch, weil es in sich fühlt, dass es sich seine Zukunft maßgeblich selbst gestalten kann.

Welche Auswirkungen zeigt eine Erziehung, die verantwortungsbewusst auf das Kind mit dem Mond im Schützen reagiert? Sie offenbart die

Lichtseite mit der Chance zur Erkenntnis

- zu lebensbejahender Glückseligkeit und emotionaler Großzügigkeit
- zu freudvollem Gefühlsleben und optimistischer Weltanschauung

- zu toleranter Moralvorstellung und begeisternder Überzeugungskraft

Cicero: Die wahre Medizin des Geistes ist die Philosophie.

Dagegen fördert die Ignoranz gegenüber beiden Wesensanteilen (Jupiter UND Mond) die

Schattenseite mit dem Risiko des Verdrängens:

- Unersättliche Maßlosigkeit und übertriebene Expansionssucht entstehen.
- Die offene Weltsicht verkümmert zu einer dogmatischen Scheinwelt.
- Unrealistische Ziele und ein undurchdringbarer Panzer an scheinbarem Wissensvorsprung entwickeln sich.

Dieser Leitsatz offenbart einen bewussten Menschen, der beide Anteile in sich vereint und auch zeigt:

> *Du bist im wahrsten Sinne des Wortes vom Leben »begeistert«, was in einer allumfassenden Lebensbejahung voller Gönnertum mündet. Du bist glücklich, hast Deine eigene Mitte und Balance zwischen Verstand und Gefühl gefunden, Ausdrücke wie Neid oder Missgunst hast Du aus Deinem Vokabular gestrichen.*

Das Kind mit dem Mond im Steinbock

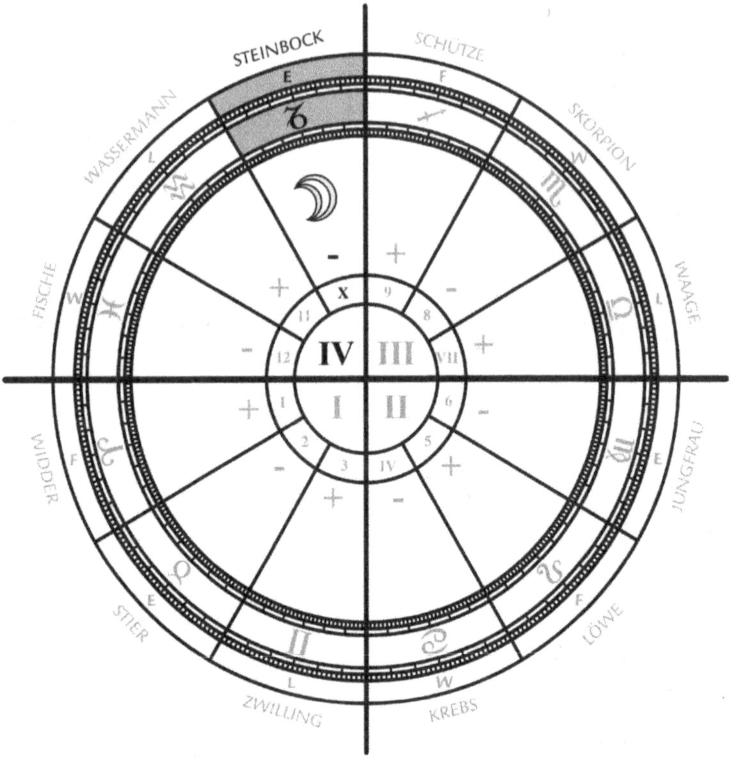

Wie bei Mond im Stier (Venus) und Mond in der Jungfrau (Merkur) begegnen sich in dieser Kombination zwei weibliche Zeichen, nämlich das Wasserprinzip Mond und das Erdprinzip Saturn (= Steinbock). Astrologisch gesehen stehen sich die beiden Zeichen Mond (Krebs) und Saturn (Steinbock) polar gegenüber, was bedeutet dies konkret? Die Gefühlswelt des Krebses ist nur schwer oder überhaupt nicht in Worte zu fassen, der Steinbock möchte es sachlich, nüchtern und nachvollziehbar, ohne Gefühlsduselei, kurz: Die Bandbreite reicht von Subjektivität (Mond) bis zu angemahnter Objektivität (Saturn).

In diesem Spannungsbogen befindet sich das Kind mit dem Mond im Steinbock. Betrachten wir dies positiv, so hat es ein breites Spektrum, aus welchem es schöpfen kann. Sehen wir es eher kritisch, so begegnet uns das bekannte Dilemma: Wird ein Anteil zu sehr gefördert oder gar in der Erziehung eingefordert, droht der andere Anteil in den Schatten abzurutschen. Im Extremfall erziehen wir das Kind zu einem gefühllosen Erbsenzähler oder zu einem unsachlichen Tagträumer, der kaum klare Gedanken fassen kann.

Die Lösung: Solange wir beide Anteile als trennendes *Entweder-Oder* betrachten, füttern wir zeitlebens das Spannungsfeld. Erst das verbindende *Sowohl-als-Auch* verhilft zu einem harmonischen Gleichgewicht: Es gibt eine Zeit für Gefühl UND für nüchternen klaren Menschenverstand, alles zu seiner Zeit. Archetypische Hinweise zu möglichen Ver-Stimmungen: chronische Erkrankungen, Bandscheibenschäden, Knochen- und Knorpelbeeinträchtigungen.

Das Kind mit dem Mond im Steinbock fühlt sich selbst nur indirekt, der Zugang zu seinen Gefühlen ist ihm nicht leicht zugänglich. Es sagt: »Ich fühle mich sogar schon als Kind sehr kopflastig. Auch wenn ich noch keinen klaren, wachen Verstand habe, weil mein Gehirn noch nicht entwickelt ist, nehme ich die Dinge eher über Gedanken wahr. Für mich ist es sehr wichtig, dass es in der Familie viele Rituale gibt, die immer gleich ablaufen, die mir Halt geben. Das, was andere spießig finden, dass zum Beispiel abends um sieben pünktlich gegessen wird, gibt mir ein Gefühl der Sicherheit und der Geborgenheit. Ich brauche, je chaotischer mein Familienleben wird, umso festere Rituale, die liebevoll und fürsorglich gepflegt werden.«

Verlässlichkeit ist für dieses Kind wegen des Mondes in einem Erdzeichen äußerst wichtig. Wenn man ihm Versprechungen macht, die man dann nicht einhält, ist das für dieses Kind weitaus schlimmer als für andere. Das Kind zieht seine emotionale Geborgenheit und Stabilität aus dem Wissen, dass die nahen Bezugspersonen 100-prozentig zuverlässig sind, dass die Rituale pünktlich und verlässlich stattfinden, dass es etwas Beständiges in seiner Welt gibt.

Dieses Kind verliert schnell den Boden unter den Füßen, wenn es Änderungen in seiner Umgebung gibt. Die Trennung der Eltern ist für dieses Kind katastrophal, wenn seine eigene Welt dadurch unberechenbar wird. Je mehr Familienleben trotz der Trennung stattfindet, je mehr sich alle Beteiligten bemühen, die Rituale des Kindes aufrechtzuerhalten, desto sicherer fühlt es sich. Das Kind braucht die gemeinsamen Familienrituale, so lange, bis es alt genug ist, um sich seine eigenen Rituale zu erschaffen und seine Geborgenheit aus sich selbst heraus zu ziehen.

Man muss nicht ständig mit diesem Kind spielen oder es beschäftigen, es braucht vielmehr den verlässlichen Halt, der für andere vielleicht sogar langweilig oder kleinkariert aussehen mag. Eine Umgebung, die sich nicht verändert und in der es täglich die gleichen Ankerpunkte findet, hilft ihm, sich zu orientieren. Täglich wiederkehrende Rituale, die liebevoll gestaltet werden, das gemeinsame Frühstück, das Sonntagsessen, das rituelle Vorlesen im Bett, ruhige, besonnene Zeit, die man mit dem Kind verbringt, geben ihm Raum, bei sich zu bleiben und sich zu fühlen.

Ein Kind muss nicht lernen, sich zu fühlen, das ist ein natürlicher Zustand. Es braucht vielmehr eine Umgebung, in der es den Raum zum Fühlen bekommt und nicht daran gehindert wird. Ständige Veränderungen, emotionales Ungleichgewicht und ein unsteter Lebenswandel sind für dieses Kind sehr ungünstig. Es verliert den Halt im Außen und damit auch den Zugang zu sich selbst. Die folgenden Fragen helfen, dem inneren Kind zu begegnen:

- Wurde mein Bedürfnis nach Beständigkeit in der Familie erkannt? Gab es nährende Rituale, auf die ich mich verlassen konnte?
- Suche ich heute noch nach Beständigkeit in täglichen Ritualen, auch dann, wenn man mich für starrköpfig hält?

- Hatte ich eine Bezugsperson, die mir Halt gab und die verlässlich war?
- Hielten die Erwachsenen ihre Versprechen pünktlich ein?
- Wusste ich in meiner Kindheit immer, woran ich war, konnte ich mich darauf verlassen, dass das, was gesagt wurde, auch passierte, selbst wenn es unangenehm war?
- Konnte ich mich darauf verlassen, dass die Erwachsenen das, was sie sagten, genauso ernst nahmen wie ich es als Kind tat oder wurden nur wenige Pläne auch wirklich umgesetzt?
- Wurden mir Änderungen in der Planung mitgeteilt oder fand ein geplantes Ereignis kommentarlos einfach nicht statt?
- Wurden mir Veränderungen so mitgeteilt, dass ich mich trotzdem weiterhin sicher fühlen konnte?

Das Kind mit dieser Mondstellung braucht einen Erwachsenen, der weiß, dass seine gereifte Zuverlässigkeit das Bollwerk gegen die Angst des Kindes vor Veränderungen bildet. Dieses Kind braucht unbedingt die Sicherheit, dass es unveränderliche Größen in seinem Leben gibt. Alles ist Wandel, alles ist Veränderung, lautet eine wichtige Lebensweisheit und das stimmt. Doch die Geschwindigkeit, mit der sich die Dinge verändern, spielt für dieses Kind eine entscheidende Rolle. Es braucht sehr viel Zeit, um mit Veränderungen klarzukommen und die muss man ihm auch geben, sonst stolpert es durchs Leben und versucht, mit den äußeren Umständen Schritt zu halten. Dabei verliert es den Kontakt zu sich selbst. Für dieses Kind gilt ganz besonders: Halte auf deiner Lebensreise regelmäßig inne, damit deine Seele nachkommen kann. Ein Erwachsener, der dem Kind diesen Raum gibt, ist ein Segen und hilft ihm, immer wieder bei sich selbst anzukommen. Hege und Pflege beider Anteile in der Erziehung fördert und stärkt die

Lichtseite mit der Chance zur Erkenntnis

- zu innerem Frieden und sanftmütiger Gefühlswelt
- zu emotionaler Aufrichtigkeit und mitfühlender Ethik
- zu tiefer Zufriedenheit und verzeihender Klarheit

Emotionale Verlässlichkeit wird zu einer festen Größe, wie auch Treue, die sich auf Vertrauen und Loyalität gründet.

Ignoranz und Unterdrückung der wahren Bedürfnisse nähren die **Schattenseite** mit dem Risiko des Verdrängens:

- Eigene Gefühle zu empfinden untersagt man sich immer mehr.
- Die eigene Unzufriedenheit hält man für »normal«.
- Man wird immer starrer, passiver und unbeweglicher.

Eine erfüllte Integration der Polaritäten äußert sich anschaulich in diesem Credo:

> *Du bist der Architekt Deines Lebens, der auf solider Grundlage aufbaut, ohne jemals den Boden unter den Füßen zu verlieren.*
>
> *Du kannst sehr wohl unterscheiden zwischen subjektiver Emotionalität und objektiver Sachlichkeit und fühlst Dich wohl in diesem »Spannungsfeld«, ohne Teile von Dir zu unterdrücken oder zu sehr in den Vordergrund zu rücken.*

Das Kind mit dem Mond im Wassermann

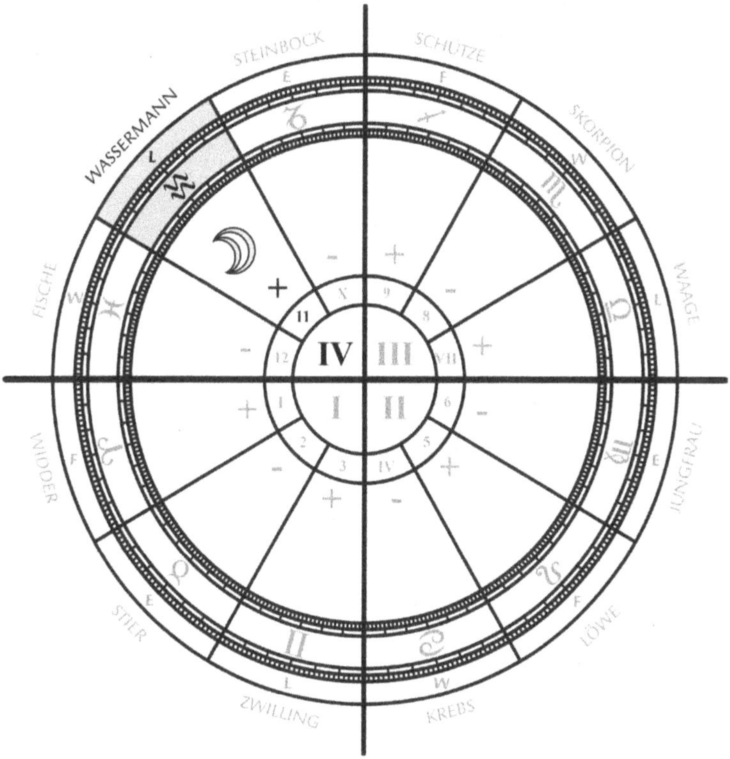

Hier treffen die Elemente Luft (Uranus = Wassermann) und Wasser (Mond) aufeinander, analog zum Kind mit dem Mond in Zwillinge und Waage. Uranus steht symbolisch dafür, neue Wege zu gehen, für Freiheit, Gleichheit, Brüderlichkeit, auch für die Umpolung der momentanen Situation. Das Gefühlsleben des Mondes sehnt sich dagegen nach (lang anhaltender) Fürsorge und Nestwärme, durchaus ein Spannungsfeld zur uranischen Energie.

Eine liebevolle Erziehung achtet darauf, dass beide Wesensanteile genügend Raum bekommen: Es geht um emotionale Verwurzelung ohne Abhängigkeit, um Geborgenheit, die nicht erdrückt, sondern die Freiheit zu persönlicher Entwicklung lässt und ermöglicht. URANUS ist der Freigeist, der Zwänge hasst und welcher aus diesen ausbrechen muss, wenn sie zu groß werden. Die zeigen sich häufig als Brüche in der Vita: Veränderungen und Trennungen (aus heiterem Himmel, griech. uranos = der Himmel), Kündigung(en), oder auch (Knochen-)Brüche auf körperlicher Ebene.

In der erlösten Form entfaltet sich ein gefühlvolles Wesen mit Tiefgang, welches mit Leichtigkeit seine Freiheit bewusst lebt, voller Kreativität und genialer Geistesblitze, die frischen Wind ins eigene Leben und das der Mitmenschen bringt. Kopf und Bauch sind im Einklang, keiner beherrscht oder unterdrückt den anderen, denn: Freiheit bedeutet, Dinge tun zu können, aber nicht zu müssen!

Das Kind mit dem Mond im Wassermann ist freiheitsliebend, geistig sehr rege und wissbegierig. Bremst man es in seinem Wissens- und Forscherdrang, gibt es starre Regeln und werden die nahen Bezugspersonen eher von ihren Ängsten statt von innerer Freiheit geleitet, so nimmt man diesem Kind geistig die Luft zum Atmen und es verliert den Kontakt zu sich selbst.

Es fühlt sich geborgen und sicher, wenn es seine Impulse und Einfälle mit jemandem teilen kann. Im Idealfall ist dieser Erwachsene jemand, der seine vielen Fragen beantwortet, den oftmals ungewöhnlichen Gedanken des Kindes folgt und das auch gerne tut. Emotionale Nähe (Mond) fühlt dieses Kind, wenn es jemanden hat, mit dem es sich in geistiger Freiheit (Uranus, also Wassermann) austauschen und spiegeln kann. In der Situation, die wir uns anschauen, kommt das Kind gut klar, wenn die Großeltern den kindlichen Ideen gegenüber aufgeschlossen sind und sie freudig mit ihm teilen.

Das Kind möchte inspirieren und andere mit seiner Freude am Ungewöhnlichen aus ihren angepassten Strukturen befreien – ähnlich wie Pippi Langstrumpf, die sich ihre Welt macht, wie sie ihr gefällt, und die sie gerne mit anderen aufgeschlossenen Kindern teilt.

Ein Kind mit dem Mond im Wassermann ist durch seine Freiheitsliebe oftmals sehr selbstbestimmt und weiß, was es möchte. Damit es sich spürt, braucht es die Freiheit, sich zum Beispiel zu kleiden, wie es will, und in vernünftigem Rahmen zu tun, was es will. Jedes Kind braucht jemanden, der ihm Raum gibt, sich zu entfalten, doch dieses Kind verliert den Kontakt zu sich selbst, wenn man ihm zu viele Regeln auferlegt, vor allem, wenn sie nicht erklärt werden.

Es braucht Freiraum, weil es sich durch seine Kreativität und seine rasch wechselnden Ideen spürt. Die immer gleichen Rituale, die dem Kind mit dem Mond im Steinbock Halt geben, sind für jenes mit dem Mond im Wassermann schädlich, wenn die Rituale nicht dem entsprechen, was es sich selbst wünscht. Damit es zum stabilen Menschen heranreift, der Geborgenheit in sich selbst entwickelt, braucht es einen Verbündeten, der es geistig nicht einengt, sondern sich über dieses quirlige Kind freut, seine Ideen mit ihm teilt und gleichzeitig auf es aufpasst.

Emotionale Nähe entsteht bei diesem Kind besonders über geistige Verbundenheit und eine ähnliche Art der inneren Freiheit, die es im anderen spürt. Es kapselt sich schnell von jemandem ab, der innerlich sehr unfrei ist, denn sein Wohlbefinden ist davon abhängig, dass es seinen quecksilbrigen Impulsen zumindest in Gedanken folgen darf. Fragen, die helfen, diesem inneren Kind zu begegnen:

- Gab es jemanden, den ich mit meinen Ideen begeistern konnte?
- Hatte ich eine Bezugsperson, die meinen Wissensdrang stillte und gerne Zeit mit mir verbrachte, um meine Fragen zu beantworten?
- Gab es in meiner Familie nur einen einzigen Weg, etwas »richtig« zu machen oder wurden auch meine Lösungsideen berücksichtigt?
- Gab es Rituale, die mich langweilten und innerlich eng machten?

- Nahmen Ängste und Vermeidungsstrategien in der Familie einen großen Raum ein?
- Durfte man in der Familie laut denken, auch wenn die Ideen zu fantastisch und/oder noch nicht ganz ausgereift waren?

Damit das Kind mit diesem Mond sein Leben meistern und auch mit Herausforderungen umgehen kann, braucht es die Möglichkeit, geistig »Stroh zu Gold« zu spinnen, also auch aus scheinbar unlösbaren, festgefahrenen Situationen durch kreative Ideen herauszufinden. Seine Stärke ist es, das Positive einer Herausforderung zu erkennen. Es findet seinen Weg, indem es seinem wachen und kreativen Geist folgen kann, denn das gibt ihm innerlich Sicherheit und Zuversicht. Es braucht einen Erwachsenen an seiner Seite, der seinen Wissendurst und Forscherdrang nicht nur stillt, sondern im besten Falle auch teilt.

Diese positive Entwicklung des Kindes mit dem Mond im Wassermann erkennen wir in der

Lichtseite mit der Chance zur Erkenntnis

- zu emotionaler Visionskraft und dem Gefühl für Wahrheit
- zu Integration des Gefühls und helfendem Sozialempfinden
- zu kreativer Fürsorge und origineller Genialität

Eckhart Tolle: »Wahre Intelligenz arbeitet im Stillen. Es ist die Stille, in der Kreativität und Problemlösungen zu finden sind.«

Bei Nichtbeachten oder gar Unterdrückung der Wesensanteile des Kindes mit dem Mond im Wassermann nähren wir die

Schattenseite mit dem Risiko des Verdrängens:

- Man ist in seinen Gefühlen vollkommen zerrissen.

- In seiner Verwirrtheit ist man unberechenbar für die anderen und für sich selbst.
- Man torkelt gehetzt durch das Leben, ohne Plan und ohne Ziel.

Man flüchtet vor allem, was auch nur im Geringsten Schwierigkeiten machen könnte oder Widerstand bereitet.

Wie zeigt sich nun die Integration von Licht- UND Schattenseite? So könnte die Lösung lauten:

Du unterscheidest Dich von der breiten Masse durch Deine gelebte und erlöste Individualität, die von innen kommt und nicht wie ein Korsett von außen übergestülpt wurde. Du lebst frei von sozialen Zwängen nach Deinem Credo: »Leben und leben lassen« oder auch »Was Du nicht willst, das man dir tu', das füg' auch keinem anderen zu.«

Das Kind mit dem Mond in den Fischen

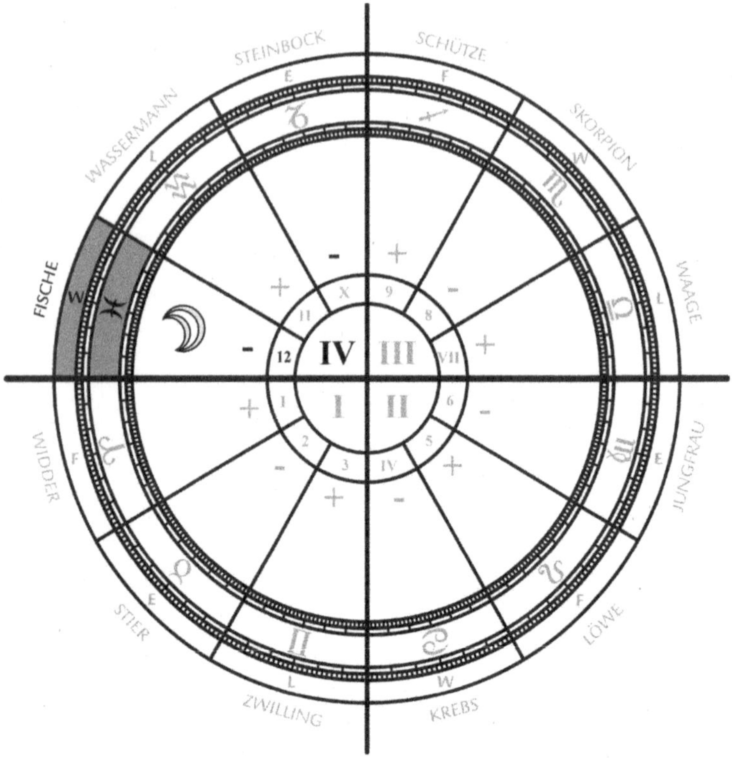

Wie bei der Kombination Mond im Krebs oder Skorpion erkennen wir hier eine doppelte Betonung des weiblichen Seelenelementes Wasser, den Inbegriff für Gefühl, Sehnsucht nach Nestwärme und Mitgefühl, aber auch Kreativität und Grenzenlosigkeit. Der Volksmund weiß: »Stille Wasser gründen tief« und »Steter Tropfen höhlt den Stein«. Auch wenn Wasserzeichen im ersten Moment nicht so »tough« auftreten wie z.B. Feuerzeichen (Widder, Löwe oder Schütze), so verfügen sie häufig über den längeren Atem. Weibliche Zeichen sind eher die Langstreckenläufer des Tierkreises, während den männlichen Sprintern schnell(er) die Puste ausgeht.

Eine kluge und verständnisvolle Erziehung erkennt in dem Kind mit dem Mond in den Fischen das Juwel, welches da vor ihren Augen heranwächst. Dieses Wesen ist innerlich weich, verletzlich und empfindsam, es ist wie der Schwamm, der die Außenwelt förmlich in sich aufsaugt. Kreative Prozesse wie Musik, Malen oder Träumen helfen der Seele beim »Verstoffwechseln« der inneren Eindrücke. Das ist der Nährboden für Kunstwerke aller Art.

Wird nun noch außen durch Unverständnis oder Sanktionen Druck aufgebaut, leidet die Seele des Kindes mit Mond in den Fischen außerordentlich, sie zieht zurück und verkümmert zusehends: Aus der tiefen (inneren) Sehnsucht kann eine körperliche Sucht entstehen, die nicht in die ersehnte Freiheit führt, sondern in schmerzvolle Abhängigkeit.

Fischegeborene wollen verschmelzen und das werden sie auch. Wesentlich für das Leben eines Fische-Mond-Kindes ist, mit wem oder was dieses Kind verschmilzt – im Idealfalle mit seinem eigenen Erleben. Die emotionale Stabilität und Heimat wird in dieser Konstellation deshalb mit dem Schwelgen in der eigenen träumerischen Fantasiewelt verknüpft.

Das Kind fühlt sich geborgen und sicher, wenn es seinen Träumen nachhängen und sich eigene Welten erschaffen darf. Es braucht den Freiraum, sich in seine eigenen Welten zurückzuziehen, ohne dabei gestört zu werden. Das, was bei einem anderen Kind wie z.B. mit dem Mond im Krebs ein ungesunder Rückzug wäre, ist bei diesem Kind ein Kraftschöpfen an der eigenen Quelle. Beim Spielen legt es keinen großen Wert darauf, von anderen inspiriert zu werden, sondern es möchte seine inneren Welten im Spiel sichtbar und damit erfahrbar machen.

Die Situation der Trennung ist für das Kind zu verkraften, wenn die Großeltern verstehen, dass sie es mit einem sehr fantasievollen Kind zu tun haben, das gerne in Ruhe gelassen werden möchte, wenn es träumt. Wenn es dann sogar noch über seine Welten reden darf, ohne dass man ihm sagt: »Das bildest du dir nur ein«, ist es glücklich.

Emotionale Stabilität ist die Voraussetzung dafür, dass ein Mensch sein Leben meistern und genießen kann und so tun die Großeltern gut daran, das Fische-Mond-Kind nicht aus seinen Fantasien herauszureißen, damit es etwas Praktisches und scheinbar Sinnvolles tut, sondern ihm liebevoll die Möglichkeit zu verschaffen, sich in seine positive Traumwelt zurückziehen. Lesen, Musikhören, malen, spielen, etwas gestalten, im Gras sitzen und den Käfern (oder Elfen ...) zuschauen, all das braucht das Kind, um sich selbst zu spüren und in Kontakt mit sich zu kommen und zu bleiben. Diese Fragen helfen, dem inneren Fischlein auf die Spur zu kommen:

- Durfte ich als Kind meinen Gedanken nachhängen oder sagte man mir, ich solle »lieber was Vernünftiges« machen?
- Hatte ich sogenannte »eingebildete Freunde«, die für mich vollkommen real waren, und wurden diese Freundschaften ernst genommen?
- Konnte ich andere Menschen mit dem, was ich in meinen Fantasiewelten erlebte, inspirieren?
- Hatte ich genug Zeit, vor mich hin zu träumen und zu spielen?
- Hatte ich eine Umgebung, in der Kunst und Spiritualität als etwas Gutes anerkannt wurde?
- Durfte ich mich fantasievoll verkleiden?
- Durfte ich Rollenspiele machen, z.B. ein Pferd, ein Hund oder eine Fee sein, ohne dass man mich kritisierte oder beschämte?

- Wurde meine schon als Kind sehr mitfühlende Art geachtet und wertgeschätzt oder wurde ich emotional ausgenutzt oder beschämt, wenn ich empathisch war?

Damit das Kind mit dieser Mondstellung eine emotionale Heimat findet, braucht es einen Erwachsenen, der seine Empfindungen, Ideen und Wahrnehmungen nicht als unrealistisch und wirklichkeitsfern abtut. Der ideale Erwachsene glaubt dem Kind nicht nur, sondern freut sich an seiner reichen Innenwelt, während er zugleich auf dieses verträumte Wesen aufpasst.

Es kann sehr anstrengend sein, dieses Kind um sich zu haben, besonders dann, wenn man den Alltag mit seinen vielen Terminen regeln muss, obwohl man selbst gerne ein wenig vor sich hinträumen möchte. Der ideale Erwachsene für dieses Kind kann unterscheiden, wann es sinnvoll ist, das Kind träumen zu lassen, und wann man ihm helfen muss, sich in der physischen Welt, die oft so ganz anders ist als seine innere, zurechtzufinden. Mit diesem Kind hütet man ein sehr zartes, nicht immer gut geerdetes Wesen, das selten den Boden unter den Füßen spürt. Ihm dabei zu helfen, sich in der Realität zurechtzufinden, ohne ihm die Flügel zu stutzen, ist eine hohe Kunst und gleichzeitig genau das, was das kleine Fischlein braucht.

Achtsame Erziehung des Kindes mit dem Mond in den Fischen fördert dessen

Lichtseite mit der Chance zur Erkenntnis

- zu selbstloser Nächstenliebe und sensibler Hingabe
- zu fürsorglichem All-Eins-Sein und demütigem Altruismus
- zu verzeihender Selbstlosigkeit und gnädigem Mitgefühl

Mahatma Gandhi: Demut bedeutet beharrliches Mühen im Dienst an der Menschheit. Gott ist immer im Dienst.

Druck, Sanktionen und unnötige Verbote fördern die **Schattenseite** mit dem Risiko des Verdrängens:

- Man wartet immer noch sehnsüchtig darauf, dass einem jemand sagt, wie man sein Leben führen soll.
- Man mogelt sich durch den Alltag und fühlt sich eher tot als lebendig.
- Die Gefühlswelt ist einem eher eine Last als eine Freude.

Ein Kind mit dem Mond in den Fischen wird mit diesem Credo ein bewusster und erwachter Erwachsener:

> *Du erkennst und fühlst tief in Deiner Seele, dass Du niemals allein bist, sondern bestenfalls all-eins, Du wirkst selbst und voller Hingabe und Mitgefühl. Den Tanz um das »Goldene Kalb« hast Du weit hinter Dir gelassen, innere Fülle ist Dir nun wichtiger als äußere, denn sie nährt Dich wahrhaftig.*

Haben Sie sich in der Beschreibung Ihres Mondzeichens wiedergefunden? Das, was für den einen ganz und gar nebensächlich ist, ist für den andere lebensnotwendig, damit er sich in emotionaler Hinsicht spürt. Wenn Sie sich selbst durch die Fragen etwas nähergekommen sind, dann möchten Sie nun sicher wissen, wie Sie Ihrem inneren Kind bewusst begegnen und ihm geben können, was es benötigt. Es gibt eine sensationelle Nachricht: Den Menschen, den Sie als Kind so sehr gebraucht hätten, tragen Sie bereits als Kraft in sich. Im zweiten Teil zeigen wir Ihnen, wie Sie sich diese Kraft zunutze machen können. Denn: Jeder Schmerz ist das Heimweh des inneren Kindes. Dieses Heimweh heilt auf der Stelle, wenn das innere Kind seine Heimat in uns findet.

II. Die Praxis

Wenn wir verstanden haben, dass unser inneres Kind unbedingt seine spezielle, typgerechte emotionale Heimat braucht, damit wir uns selbst spüren können, dann können wir uns vorstellen, dass wir diese Heimat in uns selbst entwickeln dürfen, sollen und vor allem können.

Dabei arbeiten wir vor allem mit inneren Bildern, denn das limbische System, in dem wir unser inneres Kind finden, reagiert sehr viel stärker auf Symbole und eine bildhafte Sprache als auf Logik.

Wenn Sie während einer inneren Reise nur schwierig innere Bilder wahrnehmen, dann bemühen Sie ganz bewusst Ihre Fantasie. Indem wir uns etwas bewusst vorstellen, aktivieren wir bestimmte Bereiche im Gehirn. Nach und nach werden die inneren Bilder dann ganz wie von selbst kommen, denn auch das innere Sehen will geübt werden. Womöglich »sehen« Sie keine inneren Bilder, doch Sie haben bestimmte Empfindungen, Sie hören in Gedanken Worte oder Sie wissen etwas ganz plötzlich.

Das innere Wahrnehmen hat nur wenig mit dem »Sehen« zu tun, was wir im Außen kennen. Es ist eine Mischung aus Wissen, Ahnungen, Körperempfindungen, Gefühlen und Gerüchen. Das Wichtigste ist: Glauben Sie sich. Was immer Sie wahrnehmen oder wahrzunehmen glauben, vertrauen Sie darauf, dass es stimmt. Ihr Inneres will mit Ihnen kommunizieren, es will verstanden und gefühlt werden. Deshalb wird sich Ihr Gehirn bemühen, eine Bildersprache zu finden, die Sie verstehen, weil Ihre inneren Bilder mit bestimmten Erinnerungen, Gefühlen oder Assoziationen belegt sind.

Wenn Sie eine innere Reise durchführen, dann übersetzt Ihr Gehirn die gelesenen Worte auf seine ganz besondere Weise und Sie erleben das, was für Sie relevant und verständlich ist. Also vertrauen Sie auf Ihre inneren Bilder. Sie sind immer richtig, selbst dann, wenn wir, die Autoren, etwas Anderes vorgeben.

Eines brauchen alle inneren Kinder, egal, wo Ihr Mond im Horoskop steht: einen inneren Rückzugsort, der ganz speziell auf die Bedürfnisse eines Kindes ausgerichtet ist. Dieser Ort befindet sich in Ihrem Inneren, gerade so, als wären Sie eine Matruschka-Puppe.

Diese russischen Holzfiguren, die aus mehreren ineinandergesteckten Hohlpuppen bestehen, sind ein ideales Sinnbild für die Arbeit mit dem inneren Kind. In jeder Puppe steckt eine kleinere Puppe, die wiederum eine noch kleinere in sich birgt. Das innere Kind, das sind die kleinen Puppen. Die kleinste ist man selbst als Säugling. Es gibt mehrere, man ist ja in verschiedenen Altersstufen Kind.

Alle paar Monate oder Jahre, je nachdem, wie rasch wir uns selbst entwickeln, entsteht die nächst größere Puppe und legt sich um alle anderen herum. Sie bringt all das neue Wissen und Bewusstsein mit, das wir in den letzten Monaten oder Jahren erworben haben. Im Idealfall ist die jeweils größte Puppe diejenige, die handelt und die die Entscheidungen trifft.

Wenn die kleinen Püppchen innen sind und sich die äußere jeweils um die kleineren herumlegen darf, dann sind wir in uns ausgefüllt und in Sicherheit.

Doch was ist passiert? Jedes Mal, wenn wir als Kind verletzt wurden und unsere Gefühle unterdrücken mussten, weil wir weder getröstet noch wahrgenommen worden sind, blieben wir in der Situation stecken. Es war, als wäre die entsprechende Matruschka-Puppe in der Situation erstarrt und würde von da ab nicht mehr zum Gesamtsystem gehören. Und so wirken wir vielleicht erwachsen, agieren als die größte der Holzpuppen, doch wir fühlen uns innerlich hohl, weil all die kleineren Püppchen in verschiedenen verletzenden Situationen verhaftet sind. Doch sie stecken nicht nur fest. Sie suchen, für uns selbst meistens unbewusst, verzweifelt ihre emotionale Heimat bei anderen Menschen.

Die Lösung ist ganz einfach. Stellen Sie es sich bitte einmal bildlich vor: Wir sammeln die kleinen Püppchen ein und bringen sie der Größe nach geordnet in unserem Inneren unter. Nun sind wir »voll« und tragen all unsere Anteile in uns. Wir fühlen sie, wir sind uns ihrer bewusst, sie geben uns Kraft und Inspiration und sind gleichzeitig in uns sicher und geborgen. Es ist wirklich so einfach. Wie, das zeigen wir Ihnen jetzt.

Die nachfolgende Übung gilt für alle Sternzeichen und ist die Basis für das Einsammeln der kleinen Püppchen. Wir geben den inneren Kindern eine Heimatbasis, einen inneren Hafen. Denn wenn wir nicht wissen, wo sie in uns leben dürfen, dann nutzt es nicht viel, sie zu uns zurückzuholen.

Den sicheren Ort für das innere Kind erschaffen

Was ist ein sicherer innerer Ort? Ganz einfach gesagt: Ein Ort in unserer Vorstellung, an dem alles genau so ist, wie wir es haben wollen. Es ist ein idealer Ort in der Natur, ein perfekt eingerichtetes Zimmer, unser Traumhaus, ein Abenteuerspielplatz, eine wundersame Unterwasserlandschaft, ein Berggipfel, eine Almhütte, eine Station auf einem fernen Planeten, ein goldenes Ei oder eine Fantasiewelt aus einem Märchen oder einem Sciencefiktion-Film. Alles, was wir brauchen, damit wir uns wohl und vor allem sicher fühlen, finden wir an diesem inneren Rückzugsort.

So einfach kann es doch nicht sein, denken Sie vielleicht, ich soll mir schlichtweg vorstellen, ich wäre an einem wundervollen Ort, und alles ist gut? Ja, so leicht ist es wirklich. Probieren Sie es aus, wenn Sie diese Erfahrung nicht kennen:

Stellen Sie sich einfach vor, es gäbe einen idealen Ort, an dem alles so ist, wie Sie es brauchen, damit Sie sich wohlfühlen. Es ist wie Tagträumen, nur bewusster. Sie stellen sich vor, Sie wären wirklich da und nutzen dazu all Ihre Sinne. Wie riecht es hier? Ist wirklich alles so, wie Sie es möchten? Wie kann es noch schöner werden?

Wenn wir jetzt verstehen, dass wir uns damit nicht aus der Realität flüchten, sondern in uns selbst eine Ruheinsel schaffen, dann können wir uns erlauben, diesen Ort so oft aufzusuchen, wie wir das möchten. Es ist ein innerer Ort, der dazu dient, sich auszuruhen, die Gedanken zu sortieren, sich selbst zu fühlen und sich selbst Raum zu verschaffen, wenn die Anforderungen überhandnehmen.

Diesen Rückzugsort nutzt man im Gegensatz zum Tagtraum nicht, während man am Schreibtisch sitzt, er ist keine Fluchthilfe aus dem langweiligen Bürojob. Diesen Rückzugsort nutzen wir ganz bewusst. Wir schaffen uns Zeitfenster, in denen wir nicht gestört werden und suchen diesen Ort sehr zielsicher in uns auf.

Wir sind, wenn wir diesen Ort aufsuchen, in unserem Inneren.

Wir träumen uns nicht weg, sondern wir träumen uns hin, nach innen, in unsere Mitte. Der Unterschied ist deutlich spürbar. Probieren Sie es einmal aus:

1. Denken Sie an einen idealen Ort, der weit entfernt von Ihrem Alltag ist, ein Urlaubsziel oder ein Wunschort.
2. Stellen Sie sich jetzt vor, Sie sind dort.
3. Nehmen Sie wahr, wie Sie sich fühlen. Spüren Sie den Wind, riechen Sie die Natur?
4. Sind Sie noch in Kontakt mit Ihrem Körper und mit dem Raum, in dem Sie sich befinden, oder fühlen Sie sich weit weg?

Die meisten Menschen haben das Gefühl, sie verlassen ihren Körper, wenn sie sich dieses ideale Ziel vorstellen. Sie sind weit weg, gerade so, als seien sie in einen wundervollen Urlaub gefahren. Damit sie sich selbst wieder wahrnehmen, müssen sie zurückkommen.

Jetzt probieren wir eine zweite Variante aus:

1. Stellen Sie sich vor, in Ihrem Inneren gäbe es einen wunderschönen Ort.
2. Um ihn zu erreichen, gehen Sie in Ihrer Vorstellung durch ein Tor, das Sie nach innen führt, in Ihre Innenwelt. Es ist gerade so, als wäre Ihr Körper nicht kompakt, sondern als gäbe es in ihm sehr viel Raum.
3. Hinter dem Tor gibt es einen Weg, der Sie noch tiefer nach innen führt.

4. Der Weg führt Sie einen ganz besonderen Ort, an dem alles genauso ist, wie Sie es lieben. Sie tragen in sich einen idealen Rückzugsort, der nur Ihnen gehört.
5. Jetzt sind Sie wirklich da. Schauen Sie sich um – ist alles genauso, wie es Ihnen gefällt?
6. Nehmen Sie wahr, wie Sie sich fühlen. Spüren Sie den Wind, riechen Sie die Natur?
7. Sind Sie noch in Kontakt mit Ihrem Körper und mit dem Raum, in dem Sie sich befinden oder fühlen Sie sich weit weg?
8. Kommen Sie, wenn Sie so weit sind, durch Ihr Tor zurück in den Raum, in dem Sie sich befinden.

Bei dieser inneren Reise haben die meisten Menschen das Gefühl, sie sind nicht weit weg, sondern näher bei sich als normalerweise. Erging es Ihnen ähnlich?

Um dem inneren Kind in uns einen Heimathafen zu geben, brauchen wir das Gefühl von Übung Nummer zwei, damit das Kind spürt: Es ist nahe bei uns. Wir erinnern uns an das Bild der Matruschka-Puppen – die kleineren Puppen gehören nach innen. Deshalb träumen wir uns nicht weg, sondern wir gehen den Weg bewusst nach innen.

Jetzt haben Sie also erlebt, wie es ist, an einem bewusst erschaffenen Rückzugsort zu sein. Dieser Ort ist bestimmt wunderschön, doch er gehört Ihnen, dem Erwachsenen, der Sie sind, nicht dem inneren Kind. Woher wir, die Autoren, das wissen? Das ist ganz einfach.

Ihr innerer Rückzugsort ist traumhaft, er bietet Ihnen hoffentlich Sicherheit und Sie dürfen dort vollkommen entspannt sein.

Doch der Rückzugsort des inneren Kindes braucht noch mehr: jemanden, der dort, im Inneren, auf es aufpasst. Das ganz und gar Wunderbare ist: Diesen Aufpasser hat es schon.

Der Hüter Ihres inneren Kindes ist der jeweilige Herrscher des Zeichens, in dem sich Ihr Mond befindet![4]

Steht Ihr Mond also zum Beispiel im Wassermann, dann passt Uranus auf Ihr inneres Kind auf.

Doch bevor wir dem inneren Kind einen Rückzugsort geben, wollen wir es erst einmal kennenlernen und ihm in unserem Inneren begegnen. Die nachfolgende innere Reise ist allgemeingültig, ganz gleich, wo Ihr Mond steht. Sie begegnen Ihrem inneren Kind und nehmen als der Erwachsene, der Sie sind, Kontakt zu ihm auf.

Seien Sie dabei bitte ganz offen. Wir wissen nicht, wie es dem Inneren Kind geht und wie es auf Sie reagieren wird. Wenn wir uns in unsere Innenwelt begeben, erleben wir unsere emotionale Wahrheit, nicht das, was wir wollen oder gerne hätten. Wir erschaffen uns also keinen inneren Film, sondern wir gehen nachschauen, wie es in uns aussieht. Dabei ist es sehr hilfreich, wenn wir unsere Innenwelt frei von Erwartungen betreten, gerade so, als wären wir zunächst ein Beobachter.

Wenn wir in der Analogie des Filmes bleiben, dann ist der Lebensfilm des inneren Kindes als unzensierter und ungeschnittener Dokumentarfilm gedreht worden. Wenn wir es kennenlernen wollen, dann müssen wir den Kinosaal vorurteilsfrei betreten und uns anschauen, was uns unsere unzensierte Biografie erzählt. Ab sofort können wir den Film mitbestimmen, wir können ihn auch verändern, doch dazu müssen wir ihn erst einmal so anschauen, wie er sich heute zeigt. Haben wir allerdings bestimmte Erwartungen an das, was uns im Inneren begegnet, oder wollen wir bestimmte

---

4 Der Einfachheit halber nennen wir alle Kräfte »Planetenherrscher« oder »Planetenherrscherin«, auch beim Sternzeichen Löwe und Krebs, obwohl die Sonne (Löwe) natürlich kein Planet ist, sondern ein Stern und der Mond (Krebs) ein sogenannter Satellit, weil er um einen Planeten kreist statt um eine Sonne.

Themen nicht sehen, dann sind wir nicht frei genug, um uns den Dokumentarfilm anzuschauen. Die Kinosaaltür wird sich für uns dennoch öffnen, doch wir werden einen zensierten Zeichentrickfilm zu sehen bekommen.

Warum ist das so?

Wir alle sind sehr stark geprägt worden. Uns wurde gesagt, was wir fühlen dürfen und was nicht, was wir wollen dürfen und was nicht und wie unsere Innenwelt auszusehen hat, damit sie dem Familiensystem keine Schwierigkeiten bereitet. Unsere Innenwelt lässt sich aber nicht kontrollieren. Versucht das jemand, dann entsteht in uns ein Paralleluniversum, eine Scheinwelt, in der tatsächlich alles so ist, wie andere es haben wollen, jener Zeichentrickfilm, der weiter oben erwähnt ist. Doch es ist eben nur eine Schweinwelt.

Damit wir unsere wahre Innenwelt betreten können, müssen wir erwartungsfrei kommen und offen sein für alles, was wir erleben werden, auch dann, wenn es uns nicht gefällt oder wenn es uns schmerzt. Wir können uns das auch schamanisch vorstellen: Es gibt zwei Tore zu unserer Innenwelt. Eines führt uns in die Scheinwelt, in der wir so fühlen, wie es andere haben wollen, das zweite führt uns in unsere echte Innenwelt.

Und wenn Sie jetzt sagen: »Das Unechte, das ist doch gar nicht meine Innenwelt«, dann haben Sie vollkommen recht und alles verstanden. Es ist eben eine Scheinwelt, die mit »innen« nichts zu tun hat. Damit wir den wahren Weg nach innen finden, brauchen wir Mut und Liebe. Wir wollen uns selbst begegnen, ungeschminkt, vielleicht zum ersten Mal. Das ist aufregend und spannend, vor allem aber ist es dringend nötig. Machen Sie sich also frei von Erwartungen, alles ist gut. Sie begegnen sich selbst und schon das ist heilsam, egal, wie es im Moment noch in Ihnen aussieht.

Deshalb – Licht aus – Spot an – lernen Sie den Hauptdarsteller Ihres Lebensfilmes kennen.

Während der inneren Reisen sprechen wir Sie mit DU an, weil sich das für uns, die Autoren, sehr viel persönlicher anfühlt.

Dem inneren Kind begegnen

Erlaube dir, dich zu entspannen. Es gibt nichts mehr für dich zu tun, du darfst dir erlauben, dich einmal nur um dich zu kümmern. Bitte jetzt darum, dass vor deinem inneren Auge jenes Tor entsteht, dass dich in deine wahre Innenwelt führt, eben dahin, wo du deine emotionale Biografie findest. Vor deinem inneren Auge entsteht jetzt dieses Tor.

Du durchschreitest es ganz mühelos und findest dich in einer wundervollen Landschaft wieder. Gehe ein wenig spazieren, entspanne dich. Wenn du so weit bist, dann entscheide dich dafür, dein inneres Kind zu rufen. Ruf dazu einfach in Gedanken den Namen, den du als Kind hattest, wenn du ihn mochtest. Mochtest du ihn nicht, dann rufe dich so, wie du gerne gerufen worden wärst. Jetzt warten wir ab, was geschieht. Nach einer kleinen Zeit zeigt sich ein Kind, vielleicht siehst du es auch sofort.

Erlaube dem Kind bitte, sich so zu zeigen, wie es sich zeigen möchte. Es muss dir nicht gefallen, es braucht dir nicht zu vertrauen, es braucht dir nicht mal das Gesicht zuzuwenden. Dieses Kind darf genau so sein, wie es ist. Wir dürfen dankbar sein, dass es sich überhaupt gezeigt hat, das ist ein großer Vertrauensbeweis. Gehe jetzt auf dieses Kind zu, soweit es das erlaubt. Sagt dem Kind: »Ich bin da. Ich sehe dich. Du darfst sein, wie du bist, ich will dich kennenlernen. Ab sofort will ich lernen, für dich da zu sein.«

Nimm wahr, wie das Kind reagiert. Wenn es möglich ist, geh zu dem Kind hin, nimm es in den Arm, sag ihm: »Ab sofort musst du nicht mehr allein sein. Ich bin jetzt da.« Möchte das Kind dich nicht so nahe bei sich haben, dann bleibst du in einiger Entfernung stehen. Sende ihm all deine Liebe, signalisiere ihm, dass es dir vertrauen kann. Von nun an muss das Kind nie mehr allein sein, es hat jetzt dich. Eure Beziehung darf wachsen. Du wirst sehen: wenn du es ein paarmal in deiner inneren Landschaft getroffen hast, wird es auf dich zukommen oder dich an sich heranlassen. Es ist ja ein Teil von dir, ihr wollt euch kennenlernen und euch gegenseitig vertrauen. Bleib mit dem Kind noch ein bisschen sitzen, teile den Raum mit ihm. Dann, wenn du so weit bist, kommst du durch dein Tor zurück hierher in den Raum, in dem du dich befindest.

Führen Sie diese innere Reise bitte einige Tage hintereinander täglich durch, damit sich Ihr inneres Kind an Sie gewöhnt. Es kennt Sie ja nicht. Bis jetzt war es immer allein in Ihrem Inneren. Egal, wie lange es dauert, es lohnt sich in jedem Fall, den Kontakt zum inneren Kind aufzunehmen.

Die nachfolgenden inneren Reisen sind nach Mondzeichen geordnet. Der Anfang bis zum zweiten Tor, das zum eigentlichen sicheren Ort für das innere Kind führt, ist immer gleich. Am sicheren Ort begegnet das Innere Kind jenem Hüter, der zu seinem Mondzeichen passt, denn dieser hat genau die Kraft, die Ihr inneres Kind braucht. Es gibt zwei Varianten des Anfangs jeder inneren Reise, je nachdem, ob Sie gerne ausführliche und märchenhafte innere Reisen unternehmen oder es lieber nüchtern mögen. Der zweite, der jeweiligen Stellung des Mondes angepasste Teil der Reise ist immer ausführlicher, denn hier wollen wir das innere Kind erreichen. Damit wir den richtigen Gehirnteil, das limbische System, ansprechen, brauchen wir eine bildhafte, blumige und emotionale Sprache.

Zum Verständnis:

Wir alle haben mehrere innere Kinder, denn wir waren in vielen verschiedenen Altersstufen Kind und hatten sehr viele unterschiedliche Gefühle und Wesenszüge. All diese inneren Anteile zeigen sich als ein inneres Kind, damit wir erkennen, mit welchem Anteil wir es gerade zu tun haben.

Dabei kann man durchaus auch gegengeschlechtliche innere Kinder in sich tragen, einige haben sogar eine andere Hautfarbe als unser eigener Körper. Je nachdem, was wir ganz persönlich mit einer Hautfarbe oder einem Geschlecht verbinden, zeigen sich die inneren Kinder, denn unser Gehirn will, dass wir unsere eigenen inneren Bilder verstehen. Innere Bilder zeigen sich nicht »politisch korrekt«, sondern so, dass wir die Botschaften verstehen. Wenn wir also mit bestimmten Merkmalen bestimmte Eigenschaften verknüpfen, nutzt unser Gehirn im sogenannten Assoziationscortex diese Verknüpfungen, um uns uns selbst näher zu bringen. Es ist immer sinnvoll, in sich selbst nachzufragen, wenn man ein inneres Bild nicht einordnen kann.

Eine hellhäutige Klientin hatte während einer inneren Reise auf einmal ein dunkelhäutiges inneres Kind und wusste wirklich nicht, wieso es sich zeigte. Ich fragte sie, was sie mit dunkler Haut verbinde, und sie sagte: »Afrika. Erdverbundenheit. Wilde Tiere. Freiheit. Die Fähigkeit, sich in der Natur zurechtzufinden.« Ob das nun soziologisch gesehen korrekt ist oder nicht, spielt hier keine Rolle, denn es ging um die Assoziation, die ihr dieses innere Kind aufzeigte: die Klientin trägt in sich einen kindlichen Anteil, der eben diese positiven Eigenschaften hat und dem sie vertrauen darf. Das war für sie eine grandiose Botschaft.

Ihr Inneres nutzt also alle mentalen und emotionalen Verknüpfungen, die es in Ihnen finden kann, um sich Ihnen mitzuteilen, und das ist sehr gut so. Fragen Sie, wenn Sie ein inneres Bild nicht verstehen, gleich während der inneren Reise: »Was willst du mir sagen, warum sehe ich dich genau auf diese Weise?«

Ihr Inneres will mit Ihnen kommunizieren und wenn Sie ein Symbol, das Ihr Inneres Ihnen gibt, nicht verstehen, dann wird es sich bemühen, es noch deutlicher zu machen. Wichtig ist: Glauben

Sie sich. Tun Sie Ihre inneren Bilder nicht ab, nur weil Sie sie nicht verstehen, sondern fragen Sie nach und vertrauen Sie darauf, dass Ihr Inneres genau weiß, was es will und braucht.

Die Reisen zur Heimat unsere inneren Kindes führen uns an einen ganz besonderen inneren Ort. Denken Sie bitte noch einmal an die Matruschka-Puppen. Die Heimat des inneren Kindes ist in uns, nicht außerhalb unseres Selbst. Wir sperren unser inneres Kind nicht weg, sondern wir bringen es nach Haus, an den sicheren Ort in unserem Inneren. Das ist wichtig, denn man könnte das Gefühl haben, das innere Kind würde weggebracht. Das Gegenteil ist der Fall. Wir bringen es in unseren innersten Kern, direkt in unser Herz.

Nicht alle unsere inneren Kinder sind im Zeichen des Mondes geboren, der sich in Ihrem Horoskop zeigt. In der praktischen Arbeit mit Klienten erkennen wir, dass es auch Inneres-Kind-Anteile in anderen Zeichen gibt, was sehr verständlich ist: Das innere Kind, das durch den Mond symbolisiert wird, ist das emotionale Kind, das wir waren. Gleichzeitig gibt es auch ein sehr neugieriges, experimentierfreudiges inneres Kind in uns, das weniger emotional ist.

Wir beherbergen womöglich ein abenteuerlustiges Kind, das die Welt erforschen möchte und das bereits die Anlagen des späteren Erwachsenen zeigt. Es ist also hilfreich, auch die innere Reise zum Hüter unseres Sonnenzeichens durchzuführen.

Sind Sie beispielsweise im Sonnenzeichen Skorpion geboren und Ihr Mond befindet sich in den Fischen, dann bringen Sie erst das emotionale innere Kind heim zu Neptun (Fische) und lesen dann die Reise zu Pluto (Skorpion). Es könnte sein, dass sich bestimmte kindliche Anteile beim Herrscher Ihres Sonnenzeichens wohler fühlen. Das Gleiche dürfen Sie selbst verständlich auch mit Ihrem Aszendenten ausprobieren. Denn egal, wo der Mond steht: Ihr inneres Kind liebt Abenteuer und wir alle tragen alle Kräfte in uns.

Hier zunächst der Beginn jeder inneren Reise in zwei Variationen. Fügen Sie bitte die nachfolgenden inneren Bilder für Ihre Mondkonstellation hinzu.

Der ausführliche Beginn jeder Reise

Erlaube dir, es dir ganz bequem zu machen. Es gibt nichts mehr für dich zu tun, du darfst dich entspannen. Vor deinem inneren Auge entsteht ein Tor, durch das du ganz einfach gehen kannst. Dieses Tor führt dich zuverlässig in deine innere Welt, da, wo du fühlst, was du fühlst und wo du bist, wer du in Wahrheit bist.

Du gehst durch dieses Tor und findest hinter diesem Tor eine zauberhafte Landschaft, in der du spazieren gehen kannst. Du schöpfst Kraft aus der Natur. Du spürst, wie alles von dir abfällt, das nicht zu dir gehört oder dich im Moment über Gebühr belastet. Während du dich mehr und mehr entspannst, findest du den Mut, dein inneres Kind zu rufen. Vielleicht zeigt es sich auch schon längst, denn es kennt ja deine Absicht und weiß, dass es heute nach Hause gebracht wird. Jetzt zeigt es sich, entweder direkt bei dir oder in einiger Entfernung. Gehe zu deinem inneren Kind hin, nimm es, wenn das für euch beide stimmig ist, in den Arm und sage ihm: »Ich bin jetzt da, es wird Zeit, dass wir zusammen nach Hause gehen.«

Ihr geht den Weg weiter, den du gekommen bist, denn dieser Weg ist magisch. Er führt dich vom Tor aus bei jedem Mal genau dahin, wohin du möchtest. Und weil das so ist, führt euch dieser Weg jetzt durch eine märchenhafte Landschaft. Dein inneres Kind ist ganz begeistert, hier, in diesem Teil deiner inneren Welt war es noch nie. Du bist auch sehr glücklich darüber, dass du so wundervolle Landschaften in dir trägst. Du fühlst dich schon gleich viel besser.

Auf einmal endet der Weg. Ihr steht vor einem Tor. Dieses Tor ist verschlossen. Ein Wächter steht vor diesem Tor. Der Wächter schaut euch an und fragt dich: »Was möchtest du?« Du sagst ihm: »Ich bringe mein inneres Kind nach Hause. Ich weiß, hinter diesem Tor liegt seiner Heimat.«

Der Wächter berührt das Tor. Er murmelt ein paar Worte, die du nicht verstehst, und schon schwingt das Tor auf. Ihr durchschreitet dieses zweite Tor.

Der Beginn jeder Reise in schematischen Schritten:

- Stelle dir ein Tor vor und gehe hindurch: Du befindest dich nun in einer Landschaft in deinem Inneren.
- Schöpfe Kraft und lasse Altes los.
- Rufe dein inneres Kind.
- Es erscheint. Gehe zu ihm.
- Sage ihm, dass du es an seinen eigenen sicheren Ort in deinem Inneren bringst, denn in der inneren Landschaft gibt es Bereiche, die für Kinder ungeeignet sind.
- Gehe mit dem inneren Kind den Weg weiter. Er führt zu einem weiteren Tor.
- Ein Wächter steht vor dem Tor und du sagst ihm, dass du dein inneres Kind in seine Heimat in dir bringen willst.
- Der Wächter berührt das Tor und es öffnet sich. Du und dein inneres Kind, ihr geht hindurch.
- Jetzt steht ihr in einer Landschaft, in der sich dein inneres Kind ganz besonders wohlfühlt.

Heimat für den Mond im Widder

Hüter: Mars

Jetzt befindet ihr euch in einer wundervollen Landschaft. Diese Landschaft ist wild und ursprünglich. Hier kann dein inneres Kind toben, hier kann es sich ausruhen, hier kann es seine Kräfte ausprobieren, es kann auf Bäume klettern, es kann wild sein, laut sein, es darf aber auch ruhig und sanft sein.

Auf einmal tritt dir eine Gestalt entgegen. Sie verneigt sich vor dir und sagt: »Ich bin Mars. Ich hüte dein inneres Kind und gebe ihm Kraft. Ich zeige deinem inneren Kind, wie es seine Kräfte sinnvoll einsetzen und wie es dem inneren Feuer Ausdruck verleihen kann, der nicht verletzt, sondern schöpferisch ist. Ich heile dein inneres Kind. Ich passe auf es auf, damit es zu dem heranreift, was es einmal sein wird: kraftvoll, dynamisch, mutig, ein Vorbild für andere, das zeigt, wie man kühne Pläne in Taten umsetzt. Wenn du es erlaubst, berühre ich das Kind, dann wirst du sehen, was ich meine.«

Natürlich erlaubst du das, du vertraust diesem Wesen vollkommen. Nun wendet sich Mars deinem inneren Kind zu. Das Kind läuft auf Mars zu und dieser nimmt es in die Arme. Sofort entspannt sich dein inneres Kind. Auf der Stelle fällt alles Starre und Künstliche von ihm ab und du siehst förmlich, wie Marskraft in dein inneres Kind einfließt.

Es wirkt sehr viel wacher und lebendiger, sehr viel glücklicher und du atmest auf. Da das ganze Geschehen in deinem Inneren stattfindet, fühlst du dich selbst insgesamt schon sehr viel besser und freier. Hier kannst du dein inneres Kind getrost lassen, weißt du, es ist in deinem Inneren mit diesem wundervollen Hüter am idealen Ort. Von hier aus kann es seine Kraft entfalten, groß und stark werden oder auch klein bleiben, je nachdem, wie es für dieses Kind am besten passt. Mit erfülltem Herzen, frei und lebendig, gehst du nun deinen Weg entlang zurück zu dem Tor, das dich in die Außenwelt führt. Du kommst in deiner Zeit in den Raum zurück, indem du dich befindest und weißt jetzt, dieses innere Kind ist wahrlich zu Hause.

Heimat für den Mond im Stier

Hüterin: Venus

Dein inneres Kind und du, ihr befindet euch jetzt am schönsten Ort der Welt: im Schlaraffenland. Hier gibt es alles, was das Herz deines inneren Kindes begehrt. Die Lieblingsspeisen deines inneren Kindes stehen zur Verfügung, es gibt wundervolle kuschelige Plätze, an denen es sich ausruhen kann, es gibt sogar einen Bereich, in dem dein ursprüngliches Kinderzimmer aufgebaut ist, falls du dich darin wohlfühltest.

Eine wunderschöne Frau kommt auf euch beide zu. Sie sieht sehr mütterlich aus. »Ich heiße Venus«, sagt sie, »und meine Aufgabe ist es, das innere Kind mit allem zu versorgen, was es braucht, damit es sich sicher und geborgen fühlt. Ich gebe ihm hier eine Heimat, ich koche, was es gerne isst, ich sorge für sein leibliches und für sein emotionales Wohl. Du kannst dich auf mich verlassen. Dein inneres Kind ist ein Teil von mir und ich gebe ihm genau die Kraft, die es braucht.«

Dein inneres Kind läuft auf Venus zu und umarmt sie. Du siehst, wie die Kraft, die Geborgenheit und die Sicherheit dieser sehr irdischen Venus in dein inneres Kind einströmt. Du erkennst auch, dass dein inneres Kind bei dieser Venus eine Heimat findet. Es fällt dir sehr leicht, dein inneres Kind hier bei Venus zu lassen, denn du weißt, dass diese Kraft, diese Sicherheit, diese Stabilität in deinen ganzen Körper und von da aus in dein ganzes Leben ausstrahlen wird. Venus nimmt dein inneres Kind an die Hand und zeigt ihm jetzt sein ganz persönliches Schlaraffenland.

Du kannst es getrost loslassen, es wohnt ab sofort hier bei Venus, im Schlaraffenland, inmitten deines Herzens. Von hier aus wird es seine Kraft, seine Sicherheit, seine Zufriedenheit in dein ganzes Leben hinein strahlen. Weil das so ist, kannst du jetzt mühelos und ganz beruhigt durch die Tore zurückkommen in den Raum, in dem du dich befindest. Dein inneres Kind hat seine Heimat gefunden.

Heimat für den Mond in den Zwillingen

Hüter: Merkur

Hinter diesem Tor findet ihr eine wundervolle Blumenwiese, so groß und üppig, wie du sie noch nie gesehen hast. Es summt und brummt auf dieser Wiese, alles ist in Kontakt mit allem, und auf einmal merkst du, dein inneres Kind verwandelt sich in einen Schmetterling.

Das fühlt sich sehr gut an, denn ganz wie von selbst wird dein inneres Kind Teil dieser summenden Blumenwiese. Es fliegt von Blüte zu Blüte, unterhält sich mit einem anderen Schmetterling, es tanzt mit Bienen, singt mit Elfen und ruht sich in einer ganz besonders schönen Blume aus. Auf einmal spürst du eine starke Präsenz, die gleichzeitig sehr leicht und luftig ist.

Eine Wesenheit erscheint und sagt: »Ich bin Merkur und dieses innere Kind gehört zu mir. Bei mir kann es so leicht, so schnell und so neugierig sein, wie es ist.« Der Schmetterling, der dein inneres Kind ist, landet auf Merkur, der sich als wunderschöne Gestalt zeigt. Augenblicklich fließen die Schnelligkeit, die Leichtigkeit und die Unbeschwertheit von Merkur in diesen Schmetterling ein. Du spürst Leichtigkeit im Herzen. Du atmest auf und etwas Schweres fällt von dir ab.

»Tanze auf dieser Blumenwiese, kleiner Schmetterling«, sagt Merkur, «ich beschütze dich mit meiner Kraft. Bei mir bist du vollkommen sicher.« Du spürst, dass Merkur deinem inneren Kind Sicherheit und Geborgenheit gibt. Dein inneres Kind darf überall herumfliegen, es darf jede Blume, jedes Insekt, jede Elfe befragen und erforschen, wie alles miteinander zusammenhängt.

Du weißt, dein inneres Kind ist auf dieser Blumenwiese bestens aufgehoben und Merkur beschützt es. Es ist vollkommen sicher und geborgen in der Kraft von Merkur, und weil das so ist, kannst du jetzt getrost durch die beiden Tore zurückkehren in den Raum, in dem du dich befindest. Dein inneres Kind lebt in deinem Inneren und hat seine Heimat gefunden.

Heimat für den Mond im Krebs

Hüterin: Mond (wir nennen sie »die Mondgöttin«, weil es ein weibliches Zeichen ist)

Hinter dem Tor findet ihr eine märchenhafte Landschaft. Silbriges Mondlicht lässt diese Landschaft, die wie ein Zaubergarten aussieht, erstrahlen. Das Licht ist beinah greifbar, es ist pure Energie. Das Licht strömt in das Kind ein, als würden Kind und Mondlicht zusammengehören, und so ist es auch.

Auf einmal tritt dir ein wundervolles, silbrig strahlendes Wesen entgegen und du erkennst, dass sie es ist, die deine innere Landschaft in das zärtliche silberne Licht taucht. »Ich bin die Mondgöttin«, sagt das Wesen, »dieses Kind gehört zu mir, bei mir kannst du es getrost lassen. Ich gebe ihm alles, was es braucht: Geborgenheit, Zärtlichkeit und sehr viel Liebe.«

Bei mir kann dieses Kind so empfindsam sein, wie es in Wirklichkeit ist. Es ist ein Teil von mir, lasse es einfach hier. Hier ist es zu Hause. Dein inneres Kind läuft auf die Mondgöttin zu und umarmt sie. Die Mondgöttin hält es ganz fest. Es fühlt sich an, als käme dieses Kind nach Hause. »Ich lebe in dir«, sagt die Mondgöttin, »ich gehöre zu dir oder du zu mir, gerade deshalb kannst du mir dein inneres Kind getrost anvertrauen.«

Die Mondgöttin streichelt dein inneres Kind und sofort fällt alles, was noch schwer oder starr ist und deshalb sowieso nicht zu ihm gehört, von deinem inneren Kind ab. Es verschmilzt förmlich mit der Mondgöttin und bleibt dennoch ein eigenständiges Wesen.

Die Mondgöttin streicht dem Kind über die Haare und sagt ihm: »Bei mir bist du zu Hause. Du musst hier nie wieder weg. Du lebst hier bei mir, und von hier aus schicken wir die Kraft, die wir haben, in den ganzen Körper.« Das fühlt sich für dich sehr gut an und du siehst, dass dein inneres Kind überglücklich ist. Weil das so ist, kannst du dich jetzt still verabschieden, in dem Wissen: Dieser Garten ist in dir, in deinem Herzen. Du kannst dir erlauben, durch deine Tore in die Außenwelt zurückzukehren, weil du weißt, in dir geschieht Heilung.

Heimat für den Mond im Löwen

Hüter: Sonne (wir nennen ihn den »Sonnengott«, weil es ein männliches Zeichen ist)

Hinter diesem Tor findet ihr eine sonnendurchflutete Steppenlandschaft. Sie schimmert und leuchtet, als wäre sie aus purem Gold gemacht. Du siehst, wie dein inneres Kind augenblicklich heller wird und dass Dunkles aus ihm abfließt.

Dein inneres Kind beginnt selbst zu leuchten und zu strahlen. Jetzt erkennst du in all dem Gold eine leuchtend helle Gestalt. Sie schaut dich an und sagt: »Ich bin der Sonnengott. Ich bin der Herrscher der Sonne. Dieses innere Kind ist ein Teil von mir, das ich dir für dein Leben zur Verfügung gestellt habe. Erlaube mir, ihm Kraft zu geben.«

Das Kind rennt zum Gott der Sonne und dieser nimmt es ganz fest in seine Arme. Für einen Moment lang verschmelzen die beiden miteinander und unermesslich strahlendes Licht strömt vom Gott der Sonne in dein inneres Kind hinein. Du fühlst sofort, wie dein Herz warm und weit wird. »Dieses Kind gehört zu mir«, sagt der Gott der Sonne noch einmal, »mit seiner Hilfe kannst du mein Leuchten in die Welt bringen. Erlaube dir, so lebendig zu sein, wie du bist, damit ich wirken kann.«

Du atmest auf. Alles ist vollkommen stimmig, du kannst getrost dein inneres Kind hier in der Obhut des Gottes der Sonne lassen.

Du siehst, dass die beiden zusammengehören, und du fühlst, dass sie in dir leben und ein Teil von dir sind. Du weißt, dass du ab sofort deinem inneren Kind sehr viel mehr Freiheit lassen kannst, seine Freude in die Welt zu bringen, indem du deine Kreativität lebst.

Tief beruhigt und eins mit dir selbst lässt du dein inneres Kind mit dem Gott der Sonne in dieser goldenen Landschaft. Du weißt, sie sind mitten in deinem Herzen und erleuchten dich von innen heraus. Lächelnd kehrst du durch deine beiden Tore wieder zurück in den Raum, in dem du dich befindest. Dein goldenes inneres Kind strahlt von nun an hell in deinem Herzen.

Heimat für den Mond in der Jungfrau

Hüter: Merkur

Hinter dem Tor steht ihr auf einmal auf einer großen Plattform. Vor euch liegt der gesamte Kosmos. Die Umlaufbahnen aller Planeten, aller Monde und aller Galaxien sind durch silbrig schimmerndes Licht gekennzeichnet. Es sieht aus wie ein riesiges, dreidimensionales Mobile, in dem alles den richtigen Platz hat und in geordneten Bahnen umeinander kreist.

Auf einmal erscheint ein riesiges geflügeltes Wesen. »Ich bin Merkur«, sagt er zu dir, »und dein inneres Kind gehört in meine Obhut. Ich zeige ihm die Ordnung aller Dinge, bei mir hat es seine Heimat.« Dein inneres Kind streckt seine Arme nach Merkur aus. Dieser nimmt es und drückt es fest an sein Herz. Merkur fliegt mit deinem inneren Kind auf den Armen hinein ins All.

Das fühlt sich sehr sicher und sehr geborgen an. Dein inneres Kind lacht vor Glück. Merkur zeigt ihm, dass im Universum alles miteinander zusammenhängt. Nach einer kleinen Weile landet er mit deinem inneren Kind auf der Plattform. Das Kind sieht schon ganz anders aus: befreit, lachend und strahlend. Merkur schnippt mit den Fingern und auf einmal befindet ihr euch in einer wunderschönen Landschaft. Merkur nimmt dein inneres Kind an die Hand und führt es zu einem Felsen. Er zeigt ihm die Gesteinsschichten.

Dann dreht er sich zu dir um und sagt: »Ich zeige deinem inneren Kind die Zusammenhänge, sowohl im All als auch auf der Erde und im Leben. Dein inneres Kind muss wissen, dass alles in Balance ist. Bei mir ist es sicher, es gehört zu mir.« Dein inneres Kind strahlt Merkur an und du weißt, alles ist genauso, wie es sein soll. Weil das so ist, kannst du dich jetzt getrost auf den Weg machen, deine beiden Tore durchschreiten und wieder in den Raum zurückkommen, in dem du dich befindest. Die Sicherheit deines inneren Kindes, das nun das Gleichgewicht in allem kennenlernt, begleitet dich von nun an durch dein Leben.

Heimat für den Mond in der Waage

Hüterin: Venus

Hinter dem Tor findet ihr eine Landschaft, so zauberhaft und anmutig, dass du dich fragst, wie so viel Schönheit in dir leben kann, ohne dass du es bis jetzt wusstest. Du wunderst dich vielleicht darüber, wie zart diese innere Landschaft ist, doch dein inneres Kind, das bis jetzt stark sein musste, entspannt sich auf der Stelle. Du siehst förmlich, wie sehr viel Dunkles aus ihm herausströmt, wie es lichter, durchscheinender und luftiger wird.

Auf einmal erscheint ein wunderschönes Wesen. Zärtlichkeit und Liebe umgeben sie wie ein Duft. »Ich heiße Venus«, sagt sie, »ich bin die Göttin der Schönheit und der Liebe. Ich bin die Hüterin deines inneren Kindes. Bei mir ist es zu Hause. Ich weiß genau, was es braucht, denn es ist ein Teil von mir. Die Außenwelt kann ihm nichts anhaben. Hier bei mir bleibt dieses innere Kind in Harmonie und in Liebe. Es darf sich entspannen, ich bin immer für dieses Kind da.«

Venus wendet sich jetzt deinem inneren Kind zu und dieses verschmilzt förmlich mit ihr. Die Farben dieser Göttin fließen in dieses zarte Wesen ein. Es kuschelt sich in die Arme dieses Traumwesens aus Zärtlichkeit, Sanftheit und Schönheit und entspannt sich tiefer als je zuvor. Die Göttin sagt: »Dein inneres Kind lebt nun in meiner Welt, in Schönheit, in Harmonie und in Sanftmut. Diese Liebe und Zärtlichkeit werden von nun an spürbar in deinem Herzen sein.«

Du erkennst, dein inneres Kind ist hier wirklich bestens aufgehoben. Es darf so zart sein, wie es ist. Beruhigt verabschiedest du dich von den beiden.

Mit dem Wissen, dass es in dir eine immerwährende Quelle von strahlender Schönheit, Harmonie, Liebe und Zärtlichkeit gibt, kannst du nun ganz leicht durch deine Tore zurück in deine Außenwelt kommen.

Heimat für den Mond im Skorpion

Hüter: Pluto

Hinter dem Tor führt ein Weg durch eine wunderbare Landschaft. Du und dein inneres Kind, ihr geht den Weg entlang. Er endet vor einer Höhle. Auf einmal steht ein Wesen für euch. »Ich heiße Pluto und ich herrsche über die Unterwelt«, sagt das Wesen. Es macht einen düsteren Eindruck, doch dein inneres Kind fühlt sich sofort zu Pluto hingezogen.

»Alles, was du fühlst, ist richtig«, sagt Pluto zu deinem inneren Kind, »du gehörst zu mir. Ich kenne alle Geheimisse des Lebens.« Pluto schaut dich an. »Wenn du erlaubst, nehme ich dein inneres Kind jetzt mit in meine Heimat. Du wirst dich wundern, wie geborgen es sich fühlt, auch wenn dir meine Heimat vielleicht ein wenig unheimlich sein mag.«

Du nickst, denn du erkennst, wie sehr sich dein inneres Kind verändert, während Pluto ihm gegenübersteht: Wie von selbst fällt alles Unechte von ihm ab und es leuchtet und strahlt vor Glück. Pluto nimmt das Kind jetzt an die Hand und zusammen gehen beide in die Höhle.

»Komm nach Hause, komm in mein Reich, komm mit in die Unterwelt, ich zeige dir alle Geheimnisse des Universums. Du gehörst zu mir«, sagt er noch einmal zu deinem inneren Kind. Das Kind schmiegt sich sofort vertrauensvoll an Pluto und folgt ihm, ohne sich noch einmal umzudrehen. Weil du weißt, dass auch diese Welt zu dir gehört und in deinem Herzen ist, kannst du dein inneres Kind mühelos mit Pluto gehen lassen.

Der Weg führt immer tiefer in die Höhle hinein und das bedeutet: er führt immer tiefer in dein eigenes Herz. Du kannst die beiden einfach gehen lassen. Du weißt, dein inneres Kind ist bei Pluto in den allerbesten Händen, denn es gehört zu ihm. Mehr gibt es für dich nicht zu tun. Du darfst dich wieder umdrehen, den Weg durch deine beiden Tore zurückgehen, bis du dich wieder in dem Raum befindest, in dem dein Körper ist. Du weißt, dein inneres Kind ist zu Hause angekommen. Es ist genau am richtigen Ort.

Heimat für den Mond im Schützen

Hüter: Jupiter

Hinter dem Tor erwartet dich und dein inneres Kind eine sonnendurchflutete Landschaft, die sehr weit und frei ist. Ihr könnt bis zum Horizont schauen. Dein Blick schweift in die Ferne und du siehst am Horizont eine wundervolle Fata Morgana. Du weißt, diese Fata Morgana spiegelt die höchste Vision, die du für dein Leben hast.

Auf einmal erscheint eine wundervolle Gestalt. Sie ist sehr lichtvoll und sie sagt: »Ich bin Jupiter. Ich bin die Heimat deines inneren

Kindes. Dein inneres Kind ist ein Teil von mir und es fühlt sich geborgen, wenn es große Visionen haben darf. Ich helfe deinem inneren Kind dabei, seine Visionen, seine Träume, seine großartigen Ideen zu fühlen und als emotionale Kraftquelle zu nutzen.«

Dein inneres Kind läuft zu Jupiter. Jupiter berührt das Kind und augenblicklich fällt alles ab, was schwer ist, was es eng macht, was es kleiner sein lässt, als es in Wirklichkeit ist. Jupiter nimmt dein inneres Kind an die Hand und sie gehen auf den Horizont zu. Es ist, als flögen sie mitten in die Fata Morgana hinein. »Wir leben im Land der großartigen Visionen«, sagt Jupiter zu dir und dein inneres Kind strahlt.

Hier, bei Jupiter, im Land der glücklichen Visionen, des Optimismus, der Weite und der Freiheit kannst du dein inneres Kind sehr gut lassen. Du fühlst, wie dein Herz weit und frei wird und weißt, dein inneres Kind ist in dir zu Hause bei Jupiter. Weil das so ist, kannst du nun unbesorgt durch die beiden Tore zurückkehren und bist nun wieder im Raum, in dem sich dein Körper befindet.

Heimat für den Mond im Steinbock

Hüter: Saturn

Hinter dem Tor findet ihr einen wohlgeordneten, nach klaren Regeln angelegten Park oder eine karge, felsige Landschaft. Dein inneres Kind beruhigt sich auf der Stelle in dieser Ordnung und Klarheit. Du fühlst, wie es in deinem Herzen ruhig wird. Alles Aufgeregte, Ängstliche, Angespannte fällt von deinem inneren Kind ab. Du schaust dich in dieser Landschaft um und weißt, hier ist dein inneres Kind zu Hause.

Eine Gestalt erscheint, sie sieht aus wie ein alter Mann. »Ich bin Saturn«, sagt diese Gestalt, »ich hüte dein inneres Kind, ich zeige ihm die Ordnung der Welt. Ich zeige ihm, worauf es ankommt. Bei mir kann es sich entspannen. Bei mir ist es vollkommen sicher.« Saturn berührt dein inneres Kind.

Alles, was zu viel ist, was es von anderen übernommen hat, fällt ab und es wird vollkommen ruhig. Du fühlst dich so sicher wie noch nie in deinem Leben und du weißt, dein inneres Kind ist hier bei Saturn in besten Händen. Diese karge Landschaft, die so wohlgeordnet ist, ist genau das, was dein inneres Kind braucht, um sich sicher zu fühlen.

Es kann keine Ablenkungen ertragen, es braucht diese Reduktion auf das Wesentliche. Dein inneres Kind fühlt sich am sichersten, wenn es die Schlichtheit und Einfachheit fühlt, die dem Leben zugrunde liegt. Saturn hat nun dein inneres Kind an der Hand. Alles ist ganz ruhig, das Kind sitzt einfach da. Hier will es bleiben, fühlst du, hier ist es zu Hause. Weil das so ist, kannst du jetzt getrost durch die beiden Tore wieder in die Außenwelt zurückkehren. Dein inneres Kind ist in deinem Herzen in Sicherheit.

Heimat für den Mond im Wassermann

Hüter: Uranus

Ihr durchschreitet das Tor. Hinter dem Tor befindet sich eine große Plattform. Ihr bleibt auf der Plattform stehen. Vor euch breitet sich das ganze Universum aus. Überwältigt schaust du in die unermessliche Weite.

Auf einmal kommt ein Komet auf euch zu. Er kommt immer näher und wird zu einer Gestalt. Die Gestalt landet auf der Plattform direkt vor dir und du fühlst vollkommene Freiheit. »Ich heiße Uranus«, sagt die Gestalt, »und ich zeige deinem inneren Kind meine Welt. Ich hüte die Matrix des gesamten Kosmos.«

Dein inneres Kind löst sich fast auf, als Uranus es berührt, und du fühlst für einen Moment lang die unendliche Urkraft des Kosmos in deinem inneren Kind. Das fühlt sich sehr vertraut an. Alles Enge und Erstarrte fällt von ihm ab. Uranus nimmt dein inneres Kind auf den Arm und fliegt mit ihm ins All.

Er zeigt dem Kind, wie alles im Kosmos miteinander tanzt und zeigt ihm die geistigen und die spirituellen Zusammenhänge. Uranus hütet den Bauplan, den Gott im Sinn hatte, als er die Welt schuf, und dein inneres Kind ist ein Teil davon. »Wir erschaffen die Welt immer wieder neu«, sagt Uranus zu deinem inneren Kind. »Du gehörst zu mir, bei mir bist du sicher und frei. Hier kannst du ganz und gar du selbst sein, du bist ein Teil von mir.« Du weißt, du kannst dein inneres Kind getrost bei Uranus im Weltall lassen, denn das Weltall ist in dir, in deinem Herzen. Ganz weit und frei fühlst du dich. Und weil das so ist, kannst du jetzt getrost durch beide Tore zurückkehren in den Raum, in dem du dich befindest.

Heimat für den Mond in den Fischen

Hüter: Neptun

Die innere Landschaft, die dich hinter dem Tor erwartet, ist eine ganz und gar zauberhafte: Es ist das Meer. Ihr steht an einem weißen Sandstrand. Türkis schimmernd liegt der Ozean vor euch. Dein inneres Kind geht auf das Wasser zu. Kaum berühren seine Füße das Wasser, schon verwandelt es sich vor deinen Augen in eine Nixe.

Laut auflachend und glücklich gleitet es ins Meer. Sofort zeigt sich der Hüter dieses wunderschön türkis schimmernden Meeres: Es ist Neptun. Er nimmt das innere Kind fest in seine Arme. »Ich passe auf dieses innere Kind auf«, ruft er dir zu, »dieses Kind gehört zu mir. Hier in der Unterwasserwelt fühlt es sich wohl, hier darf es träumen, hier, im Reich der Gefühle, ist es zu Hause. Wir schicken diese Träume in dein Leben, denn du weißt ja, dieser Ozean befindet sich inmitten deines Herzens. Es ist deine innere Welt und ich hüte sie.«

Du schaust den beiden nach. Sie verschwinden in den Wellen und es fühlt sich unermesslich friedlich und gut an. Auch du selbst kannst jederzeit mit ihnen schwimmen, du brauchst dich nur ans Ufer zu stellen, dich vom Wasser berühren zu lassen und auch du wirst zur Nixe. Wenn du also in die Welt deines inneren Kindes eintauchen möchtest, kannst du das jetzt tun. Dein inneres Kind bleibt hier unten im Ozean, hier ist seine Heimat. Du selbst kannst dich sowohl in der Unterwasserwelt als auch in der äußeren Welt der Formen, der festen Materie, der Sonne, der Luft, der Erde bewegen.

Tief beruhigt kehrst du jetzt durch die beiden Tore zurück in den Raum, in dem du dich befindest. Dein inneres Kind hat seine Heimat und seinen Hüter gefunden. Von jetzt an ist es für immer in seiner Märchenwelt in Sicherheit und versorgt dich von hier aus mit seiner emotionalen Kraft.

Übermäßige Verantwortung für andere loslassen

Viele Menschen übernehmen weitaus mehr Verantwortung für das Wohlergehen ihrer nahestehenden Bezugspersonen, als es ihrer Gesundheit und ihrer emotionalen Stabilität zuträglich ist. Und so sehr wir auch wissen, dass wir unsere eigenen Grenzen wahren dürfen und sollten, damit wir uns wohlfühlen, so schwer fällt es vielen Menschen, Nein zu sagen und ihre eigenen Bedürfnisse für ebenso wichtig zu halten wie die anderer.

Wenn wir uns selbst ausbeuten oder uns den Belangen anderer allzu sehr unterordnen, dann werden wir ärgerlich. Wir bauen innerlich Groll auf und wir fühlen uns weniger wertvoll als andere.

Warum ist das so? Wenn wir die Bedürfnisse anderer für wichtiger halten als unsere eigenen, geben wir uns folgende Information: Der andere ist insgesamt wichtiger als ich selbst. Das bedeutet, er ist letztlich auch wertvoller als wir, und das ist eine toxische Information für unser eigenes Selbstwertfühl und für unser inneres Kind. Am Ende fühlen wir uns sogar als Opfer der Bedürfnisse anderer und das hindert uns daran, unser eigenes Leben selbstbestimmt und selbstverantwortlich zu führen.

Natürlich wollen wir für andere da sein. Wir sind soziale Wesen. Doch gerade weil wir diesen Wunsch haben, brauchen wir auch die Fähigkeit, Nein zu sagen, wenn wir unsere Energie für uns selbst benötigen.

Woran liegt es, dass wir uns – oft sogar – entgegen besserem Wissen, allzu verantwortlich für die Belange anderer fühlen, obwohl auch diese erwachsen sind und sich um sich selbst kümmern könnten? Wieso tun wir für andere auch das, was sie für sich selbst tun sollten? Zähneknirschend zwar, doch wir tun es?

Erinnern Sie sich an das Symbol des inneren Kindes, die Matruschka-Puppen?

Auch andere Menschen haben, bildlich gesprochen, diese kleinen Püppchen. Und auch die »Püppchen« anderer Menschen suchen Liebe, Anerkennung und Geborgenheit. So, wie wir selbst unser inneres Kind und damit unser Bedürfnis nach emotionaler Geborgenheit unbewusst in die Obhut eines anderen Menschen, des Partners zum Beispiel, legen, so tun das andere Menschen auch bei und mit uns.

Und so, wie ein anderer gar nicht bemerkt, dass wir ihm unser inneres Kind anvertraut haben, weil wir es selbst nicht wissen, so hüten wir eventuell selbst die inneren Kinder anderer, ohne es zu merken. Es besteht also die Möglichkeit, dass Sie, wenn Sie sich für einen anderen Menschen über Gebühr verantwortlich fühlen, unbewusst Mutter oder Vater für dessen inneres Kind sind!

Doch zum Glück wissen wir ja jetzt, wer der ideale Hüter für jedes innere Kind ist: der jeweilige Planetenherrscher. Das, was wir für unser eigenes inneres Kind getan haben, dürfen wir ebenfalls für die inneren Kinder anderer Menschen tun, wenn sie uns unbewusst ihr inneres Kind anvertraut haben.

In der nachfolgenden inneren Reise geben wir also die inneren Kinder, die wir für andere Menschen unbewusst nähren, in die Obhut ihrer wahren Hüter und Hüterinnen. Wieder schreiben wir die innere Reise und DU-Form und sowohl schematisch als auch ausführlich. Nutzen Sie bitte beide Reisen. In der ausführlicheren Version empfangen Sie nach dem Prozess des Loslassens zusätzliche Kraft, die Ihnen einen neuen Weg weisen kann.

Die inneren Kinder anderer nach Hause bringen

Die Reise in schematischer Form

1. Entspanne dich und gehe in Gedanken durch ein Tor in deine innere Landschaft.
2. Weise die inneren Kinder, die nicht zu dir gehören, an, sich dir zu zeigen. Das müssen sie, wenn du es ihnen sagst.
3. Die inneren Kinder anderer Menschen, die du in dir hütest, zeigen sich jetzt. Das können sehr viele sein, vor allem, wenn du einen sozialen Beruf hast.
4. Wenn es für deine eigene Erkenntnis wichtig ist, nimmst du wahr, was du ihnen geben sollst: Liebe, Anerkennung, Geborgenheit oder etwas anderes.
5. Überprüfe, ob du diese fremden inneren Kinder weiter in dir hüten willst. Willst du es, dann darfst du das gerne weiterhin tun. Willst du es nicht, dann sage in Gedanken zu ihnen: »Ihr gehört nicht zu mir. Ich habe nicht, was ihr braucht. Ich bringe euch jetzt nach Hause.«
6. Rufe nun in Gedanken die Herrscher und Herrscherinnen aller Sternzeichen, die gebraucht werden. Die Planetenherrscher

kennen ihre inneren Kinder und wissen, wann sie gemeint sind.

7. Du nimmst jetzt wahr, dass die benötigten Planetenkräfte anwesend sind. Dazu musst du nicht wissen, welche das sind.

8. Bitte die nun anwesenden Planetenherrscher und Planetenherrscherinnen, die jeweils zu ihnen gehörigen inneren Kinder zu sich zu holen.

9. Du spürst einen starken Sog vonseiten der Planetenherrscher und Planetenherrscherinnen, der Weile lang andauern kann.

10. Du nimmst wahr, dass die inneren Kinder, die nicht die deinen sind, sehr gern zu ihren jeweiligen Hütern und Hüterinnen zurückkehren. Erlaube, dass auch deine eigenen inneren Kinder die Gelegenheit nutzen, zu ihrem Planetenhüter zu gehen, wenn sie das wollen.

11. Nach einer Weile ist der Prozess abgeschlossen. Fühle die Befreiung in dir. Du kannst von nun an frei entscheiden, in welchem Ausmaß du für einen anderen Menschen da sein möchtest.

Kehre jetzt durch dein Tor zurück in den Raum, in dem du dich befindest.

Führe diese innere Reise regelmäßig durch, denn es kann immer wieder passieren, dass du unfreiwillig zum Hüter der inneren Kinder anderer wirst. Das darf sein. Schicke sie einfach nach Hause, wenn du dich belastet fühlst.

Die innere Reise in ausführlicher Version

Erlaube dir, dich zu entspannen. Es gibt nichts mehr für dich zu tun, als einfach hier zu sein. Du brauchst niemandem zu gefallen und für niemanden zu sorgen.

Du bist in Sicherheit, und weil das so ist, kannst du dich noch ein bisschen tiefer entspannen. Vor deinem inneren Auge entsteht jetzt ein Tor. Es fällt dir sehr leicht, dieses Tor zu durchschreiten. Du befindest dich jetzt in deiner inneren Landschaft. Denke oder sage laut: »An alle inneren Kinder, die nicht zu mir gehören: zeigt euch.«

Vertraue darauf, dass sie sich zeigen müssen, wenn du es ihnen sagst, und dass sie sich zeigen werden. Du schaust dich um und erkennst auf einmal: Es gibt in dieser inneren Landschaft tatsächlich Kinder, die nicht zu dir gehören und nicht die deinen sind. Vielleicht erkennst du, zu wem diese Kinder in Wahrheit gehören, vielleicht auch nicht.

Du spürst, wie viel Aufmerksamkeit und Kraft diese fremden inneren Kinder binden. Diese Kraft fehlt dir in der Fürsorge für deine eigenen inneren Kinder. Entscheide jetzt bitte: Möchtest du diese inneren Kinder weiter hüten oder nicht? Wenn ja, ist alles gut. Wenn nein, dann rufen wir jetzt in Gedanken die Herrscher und Herrscherinnen aller Sternzeichen, die wir brauchen.

Die Planetenherrscher kennen ihre inneren Kinder und wissen, wann sie gemeint sind. Kennst du die Mondzeichen der inneren Kinder, die du hütest*, dann rufst du ausdrücklich deren Herrscher. Du spürst jetzt die machtvolle Präsenz aller angesprochenen Planetenherrscher.

Du musst nicht erkennen, welche Kräfte erscheinen, nimm nur wahr, dass sie da sind. Sage jetzt bitte in Gedanken oder laut und deutlich zu den Planetenherrschern: »Nehmt eure inneren Kinder zu euch zurück. Sorgt für sie, bei euch sind sie bestens aufgehoben, denn sie gehören zu euch. Bringt sie nach Hause in ihre emotionale Heimat.«

Du spürst den Sog, der auf einmal entsteht, wenn alle Planetenherrscher und Planetenherrscherinnen ihre inneren Kinder zu sich nach Hause ziehen. Du nimmst diesen Prozess in Form von

Lichtstrahlen wahr, die auf einmal wie ein Leitstrahl wirken, vielleicht fühlst du den Sog auch einfach.

Ganz wie von selbst verschwinden die inneren Kinder, die nicht zu dir gehören, aus deiner inneren Landschaft. Du weißt sie in den besten Händen, sind sie doch jetzt in ihrer wahren emotionalen Heimat. Weil das so ist, kannst du ganz beruhigt sein. Du hast niemanden weggeschickt, sondern alle inneren Kinder nach Hause zu ihren jeweiligen Sternenfamilien gebracht.

Es kann sein, dass du jetzt eigene innere Kinder wahrnimmst, die auch gerne nach Hause gehen möchten. Das dürfen sie. Sie dürfen den Körper verlassen und in ihre emotionale Heimat gehen. Sie gehören weiterhin zu dir.

Erlaube also, dass sich jetzt deine eigenen inneren Kinder versammeln, wenn sie nach Hause gehen möchten. Nach Hause gehen bedeutet: Sie verlassen das Gravitationsfeld der Erde und des Körpers und kehren zurück in die nichtstofflichen Bewusstseinsebenen der planetaren Kräfte.

Noch mal: Sie gehören weiterhin zu dir, leben jetzt aber in anderen Dimensionen. Das ist möglich, weil du selbst ein multidimensionales Wesen bist, das auf vielen Bewusstseinsebenen gleichzeitig beheimatet ist. Die Verbindung zu deinen inneren Kindern bleibt auch dann bestehen, wenn sie den Körper verlassen.

Erlaube jetzt also, dass der Herrscher oder die Herrscherin des Planeten kommt, zu dem deine inneren Kinder gehören. Erlaube, dass diese Kraft die inneren Kinder zu sich zieht, die bereit sind. Auch wenn du das noch nie gemacht hast, wirst du tiefe Erleichterung spüren.

Nachdem alle inneren Kinder, die den Körper verlassen wollen, nach Hause gegangen sind, ist Raum in deiner inneren Landschaft für ganz neue Kräfte entstanden. Rufe jetzt all die Kräfte, die von nun an in dir und durch dich wirken möchten. Auch sie gehören schon immer zu dir, sind aber vielleicht noch nicht im Körper. Du spürst jetzt einen Strom von Kraft, der von oben und auch aus der Erde in dich einfließt.

Es sind neue Energien, die gleichzeitig schon immer zu dir gehörten. Du kennst sie noch nicht. Sie werden sich in den nächsten Tagen und Wochen zeigen, indem du die Dinge in deinem Leben auf einmal auf eine völlig neue Weise wahrnimmst, anders reagierst und dich anders fühlst. Du wirst sehr viel gelassener und freier werden. In diesem Wissen kannst du jetzt mühelos durch dein Tor zurückkehren.

Du bist jetzt mit deiner Aufmerksamkeit wieder in den Raum, in dem du dich körperlich befindest. Wiederhole diese Meditation regelmäßig, denn selbst, wenn du das gar nicht möchtest, kann es passieren, dass du fremde innere Kinder aufnimmst. Du weißt jetzt, wie einfach es ist, sie in ihre jeweilige Heimat zu schicken. Öffne nun deine Augen. Du hast einen großen Transformationsprozess hinter dir: Du bist bei dir angekommen.

*Wenn du in der Reise erkennst, zu wem die jeweiligen inneren Kinder gehören, dann weißt du womöglich auch, wo der Mond im Horoskop dieser Personen steht, oder du kannst es herausfinden.

Von inneren und äußeren (Energie-)Kanälen

Wir wollten Ihnen bisher auf vielfältige Weise »Ihren« Mond nahebringen, um daraus die stimmigen Schlüsse zu ziehen, wie Sie (zukünftig) mit Ihrem inneren Kind in eine noch liebevollere Resonanz treten können.

Kehren wir an dieser Stelle an den Anfang dieses Buches zurück, als wir Ihnen das Mond-Prinzip erläuterten. Sie erinnern sich: Mond ist ein Wasserprinzip und Wasser kann in vielen Variationen erscheinen, von fließend bis gestaut oder auch von lebendig bis abgestanden.

Generell gilt wohl: Das Leben ist Bewegung und Veränderung, Stillstand ist unlebendig und fühlt sich an wie tot.

Schauen wir zunächst in die Natur und auf den (fragwürdigen) Einfluss und Eingriff des Menschen: Wenn in so vielen Regionen und Landschaften unserer Mutter Erde anmutige Bächlein und Flüsse so ungezwungen dahinplätschern, dann kann man diese sicherlich auch stauen, um daraus Nutzen zu ziehen. Natürlich zum Wohle aller, denkt sich der Mensch, und wie die unzähligen Stauseen weltweit glaubhaft dokumentieren, macht er das auch. Die konzentrierte und eingeschlossene Wasserkraft wird benutzt zur Stromerzeugung, zur Speisung von Bewässerungsanlagen oder auch als Wasserreservoir für Trinkwasser etc.

Wer die zunehmende Anzahl von Naturkatastrophen richtig zu deuten vermag, kann daran ablesen, dass Mutter Erde *not amused* ist von den unzähligen und z.T. hinterlistigen Eingriffen in ihr fragiles Ökosystem: Ein Zuwenig an Wasser hinter den Mauern kann Mangel nach sich ziehen, ein Zuviel Gefahr: Wird der Wasserdruck zu groß, kann der Damm brechen. In der Folge ergießt sich das Gestaute schlagartig und unerbittlich in einem Korridor der Verwüstung über das Land.

Wir kennen die Urkraft des Wassers aus den Schilderungen zur Sintflut in der Bibel oder den Bildern und Reportagen zur Tsunami-Katastrophe in jüngerer Vergangenheit, bei der viele Hunderttausend Menschen in den »unbarmherzigen« Wassermassen ertranken.

Nun sind Menschen auf den ersten Blick keine Stauseen, zumindest sehen die meisten nicht so aus. Und doch ist bei vielen irgendwann aus heiterem Himmel »das Maß voll«. Dann genügt der berühmte eine Tropfen, um das Fass zum Überlaufen zu bringen. Beim Stausee ist es ja bekanntlich so: Irgendwann ist auch hier »das Maß voll«, der Druck wird übermächtig, es gibt kein Halten mehr: Die Mauer bricht, der Damm reißt.

Wer nun als Mensch nicht selbst dafür sorgt, dass sein (Seelen-) Wasser abfließen kann, der handelt im Grunde ebenso fahrlässig wie der Betreiber eines Stausees, der sagt: »Immer rein mit dem Zeug, das halten die Mauern schon aus!«

Bleiben wir in der Analogie des Reinstopfens beim Menschen auf dieser symbolischen Ebene, so fällt auf, dass Menschen in unserer westlichen Arbeitswelt auch viel in sich reinfressen: Ärger mit dem Chef, Frust mit Kunden und Kollegen, dem Partner oder sich selbst. Und vor allem auch die eigene natürliche Aggression des Menschen. Die Gründe davon liegen auf der Hand: Existenzangst, Angst um den Arbeitsplatz, Angst vor der Zukunft, um nur einige zu nennen.

Szenenwechsel: *Wie innen, so außen, wie oben so unten*: Wenn wir diese Weisheit des Hermes Trismegistos symbolisch einsetzen, dann haben sofort den Schlüssel dazu, eine Analogie zwischen Vorgängen im Außen (Natur) und Innen (Mensch) herzustellen. Im Grunde wechseln wir lediglich die Lebensbühne oder die Ebene, die dahinterliegenden Themen bleiben dieselben.

Unsere inneren Flüsse heißen Meridiane. Der Name Meridian wurde im 3. Jahrhundert vor Christus entwickelt und zum ersten Male im klassischen Werk der Inneren Medizin Chinas mit dem Titel Huang Ti Nei Jing, verfasst vom Gelben Kaiser, erwähnt. Ying ist das chinesische Schriftzeichen für Meridian, was so viel bedeutet wie »Fluss, Weg oder Pfad«, aber auch »Blutgefäß«. In seinem Buch werden die Meridiane mit den großen Flüssen Chinas verglichen, die das Land durchziehen, bewässern und fruchtbar machen.

Übertragen auf den menschlichen Körper kann man sie, bildlich gesprochen, als winzige Kanäle betrachten, durch die Qi oder Lebensenergie fließt. Regelmäßiges Aktivieren der Meridianverläufe und gezieltes Behandeln einzelner Zonen und Punkte hilft bei der Erhaltung des lebenswichtigen Qi-Flusses und der Balance von Yin und Yang.

Das ist (laut TCM) eine unabdingbare Voraussetzung ist für ein gesundes und harmonisches Leben. Blockaden in unseren inneren »Flüssen«, den Meridianen, verlangsamen oder verhindern einen gesunden Fluss, den wir so dringend für unser Wohlbefinden, unsere Balance und unsere innere Harmonie brauchen.

Wir möchten Ihnen nun ein weiteres wirkungsvolles Instrument zeigen, wie Sie Ihr Wohlergehen im wahrsten Sinne des Wortes selbst in die Hand nehmen können: durch das Aktivieren dieser Meridiane, die zu Ihrer persönlichen Mondkonstellation Ihres inneren Kindes gehören. Wir wollen so Ihren inneren Heiler und Ihre Selbstheilungskräfte ansprechen und stimulieren.

Auf diese Weise können Sie selbst Ihre »inneren Flüsse« stimulieren, vermeintliche Blockaden reduzieren und Spannungsfelder auflösen. Diese Meridianpunkte sind seit Jahrtausenden bekannt, erforscht und auf ihre Wirksamkeit überprüft. Sowohl Akupunktur als auch Akupressur arbeiten damit. Schauen wir zunächst einmal gemeinsam auf die sogenannte Organuhr:

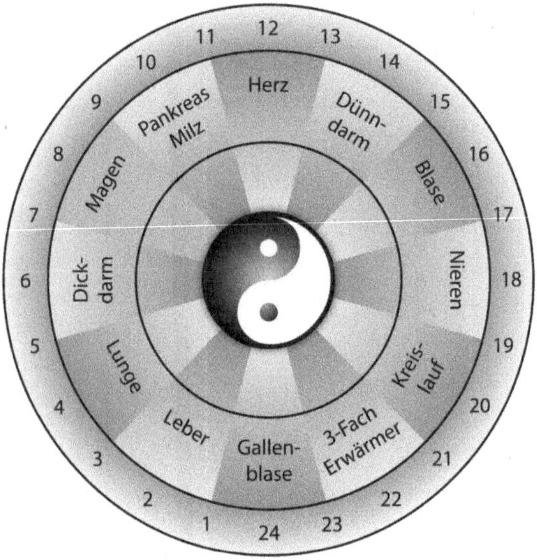

So wie es zwölf Tierkreiszeichen gibt, so gibt es zwölf Hauptmeridiane, die alle miteinander verknüpft und jeweils einem Organ zugeordnet sind. In 24 Stunden durchströmt die Lebenskraft Qi das komplette Meridiansystem, wobei das Qi jeweils für zwei Stunden durch jeden Hauptmeridian fließt. In dieser Zeit ist die Energieversorgung in diesem Meridian intensiver als in den anderen Energiebahnen, deshalb wird dieser Zeitraum »Maximalzeit« genannt.

Im Folgenden wollen wir dieses bewährte Wissen anwenden, um anregend und stimulierend eine belebende Brücke zwischen Ihrem inneren Kind (im entsprechenden Tierkreiszeichen) und dem dazugehörigen Meridian zu bauen.

Wir empfehlen Ihnen, den gesamten Verlauf der entsprechenden Meridiane zu aktivieren. Es gilt: Wählen Sie IMMER zuerst den Magenmeridian (Magen = Mond = inneres Kind) PLUS anschließend den Meridian IHRES TIERKREISZEICHENS, in welchem Ihr Mond (und damit Ihr inneres Kind) steht. Der Magen steht ja symbolisch für den Mond, wie schon seine mondartige Sichelform vermuten lässt.

Bitte beachten Sie dabei drei Dinge:

1. Jeder Meridian fließt sowohl auf der linken (weiblichen) wie auch auf der rechten (männlichen) Seite, bitte aktivieren Sie zunächst die linke und danach die rechte Seite.

2. Jeder Meridian besitzt eine Fließrichtung von oben nach unten oder umgekehrt. Bitte entnehmen Sie diese der jeweiligen Grafik an und wenden Sie so an.

3. Die Maximalzeit bezeichnet den Zeitraum des Tages, an welchem dieser Meridian in seiner stärksten Entfaltung tätig ist.

Das Balancing

VARIANTE 1

»Zeichnen« Sie mit der Fingerkuppe Ihres Zeigefingers (oder nutzen sie einen abgerundeten Gegenstand wie z.B. bei einem Bleistift) den Verlauf der Meridiane auf Ihrem Körper nach (siehe dazu die Grafiken Ihrer individuellen Konstellation). Sowohl Dauer (von weniger als zwei Minuten bis zu maximal fünf Minuten pro Meridian) als auch Intensität des Drucks hängen von Ihrem persönlichen Geschmack und Empfinden ab.

Manchmal ergibt es auch Sinn, statt zu drücken mehrmals zu klopfen, zu kneten oder auch zu reiben, und zwar intuitiv an den Stellen im Verlauf des Meridians, an welchen Sie eine Verstimmung spüren oder eine Blockade erahnen. Ganz besonders »stimmig« ist die Verwendung von Stimmgabeln (z.B. in der OM-Schwingung in 136,10 Hertz) für ein harmonisierendes Balancing.

Naturgemäß dauert es unterschiedlich lange, bis eine entspannende Wirkung eintritt, von sofort bis circa 15 bis Minuten. Auch können Sie bis zu dreimal am Tag dieses Balancing durchführen, z. B. morgens, mittags und abends.

VARIANTE 2:

Zur Reduzierung von Spannungsfeldern zwischen den beiden Meridianen hat sich in der Praxis das Verbinden der Anfangs- und Endpunkte oder -regionen bewährt. Hierzu aktivieren Sie durch Drücken zunächst auf der linken Körperseite den Anfangspunkt des Mondmeridians mit dem jeweiligen Anfangspunkt des zweiten Meridians. Beispiel: Steht im Mond im Schützen, ist dies der Lebermeridian etc.

Nun verfahren Sie genauso auf der rechten Körperhälfte.

Im Anschluss praktizieren Sie dieselbe Vorgehensweise mit Endpunkten (oder -regionen) der entsprechenden Meridiane.

Das Kind mit dem Mond im Widder

Zugeordeter Meridian Widder = Gallenblase-Meridian
Maximalzeit: 23 h – 1 h
Anfangspunkt: Außenseite Pupille, bitte Vorsicht in Augennähe
Endpunkt: Nagel des 4. Zehs, Außenseite zum 5. Zeh
Fließrichtung: Vom Kopf zum Fuß

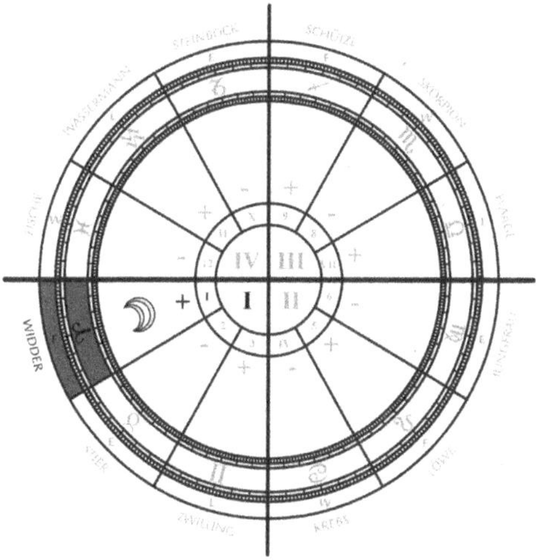

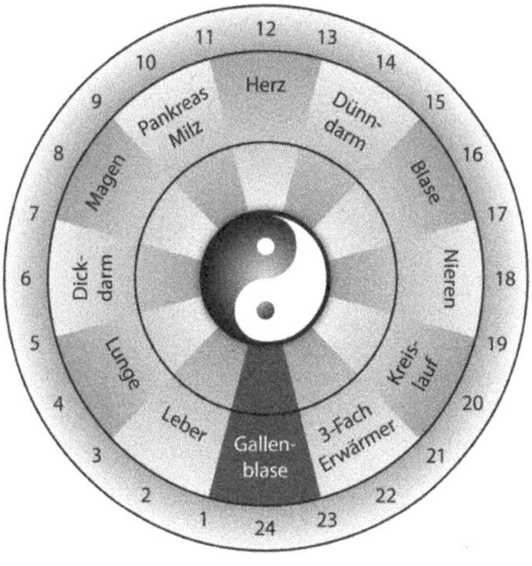

Das Kind mit dem Mond im Stier

Zugeordneter Meridian STIER = Pericard-Kreislauf-Meridian
Maximalzeit: 19 h–21 h
Anfangspunkt: Eine Daumenbreite von der Mamille zur Achselhöhle
Endpunkt: Spitze des Mittelfingers
Fließrichtung: Vom Brustbereich zur Hand

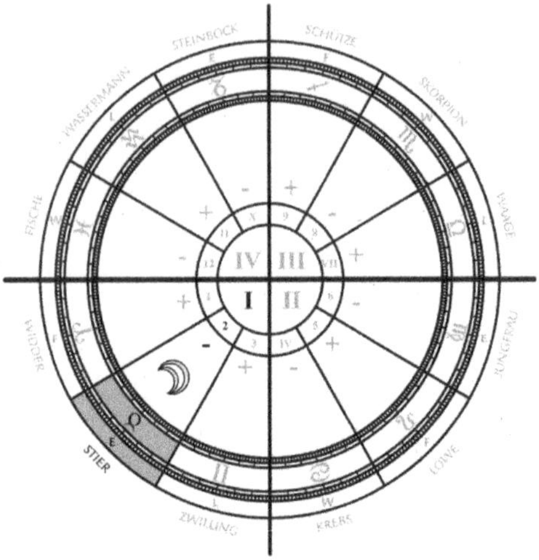

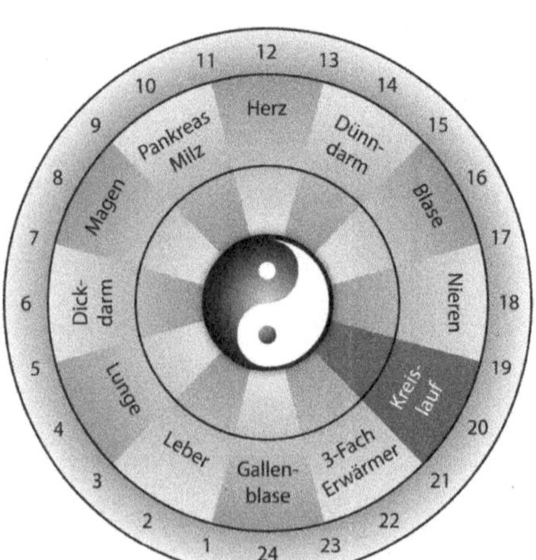

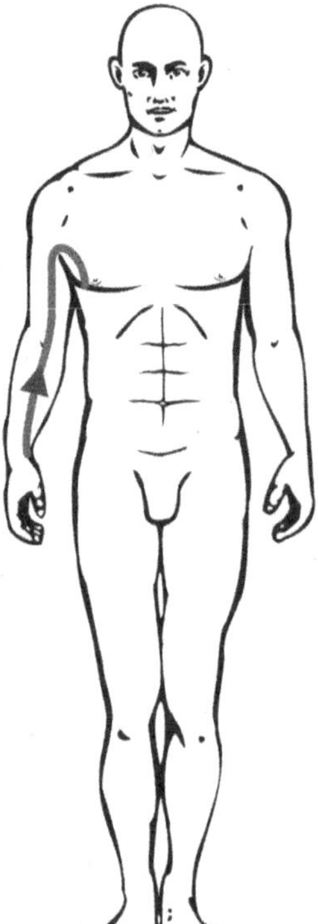

Das Kind mit dem Mond in den Zwillingen

Zugeordneter Meridian Zwillinge = Lungen-Meridian
Maximalzeit: 3 h–5 h
Anfangspunkt: Nähe Schlüsselbein
Endpunkt: Äußerer Nagelwinkel des Daumens
Fließrichtung: Vom Brustbereich zur Hand

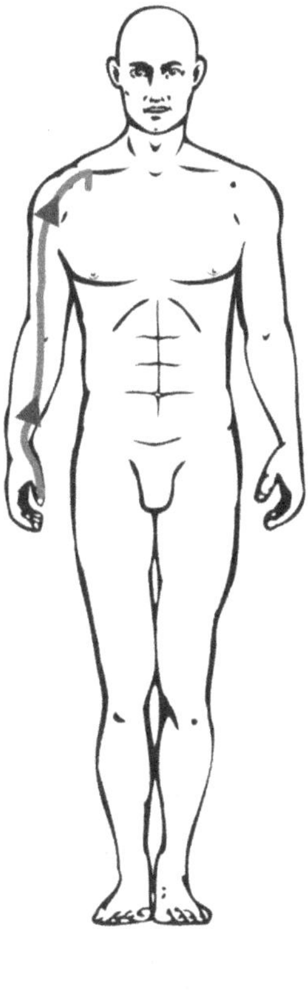

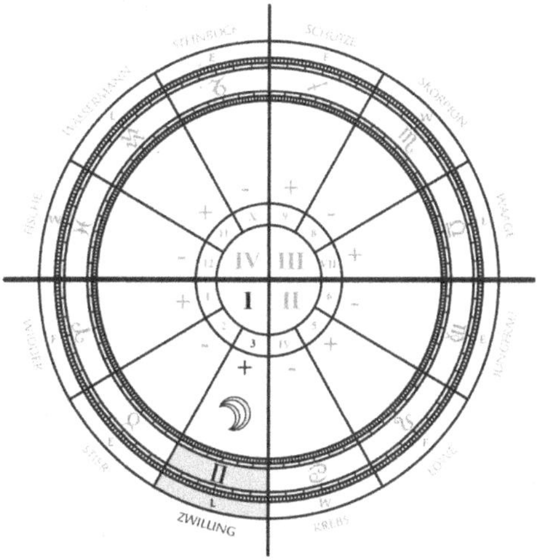

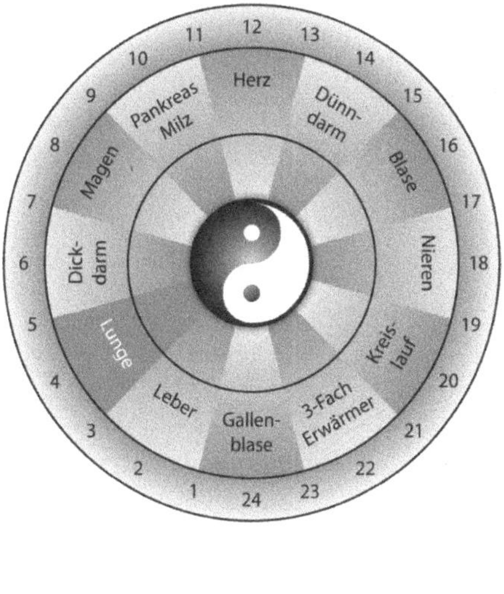

Das Kind mit dem Mond im Krebs

Zugeordneter Meridian Krebs = Magen-Meridian
Maximalzeit: 7 h–9 h
Anfangspunkt: Unterhalb der Pupillenmitte, bitte Vorsicht in Augennähe
Endpunkt: 2. Zeh, Außennagel zum 3. Zeh
Fließrichtung: Vom Kopf zu den Füßen

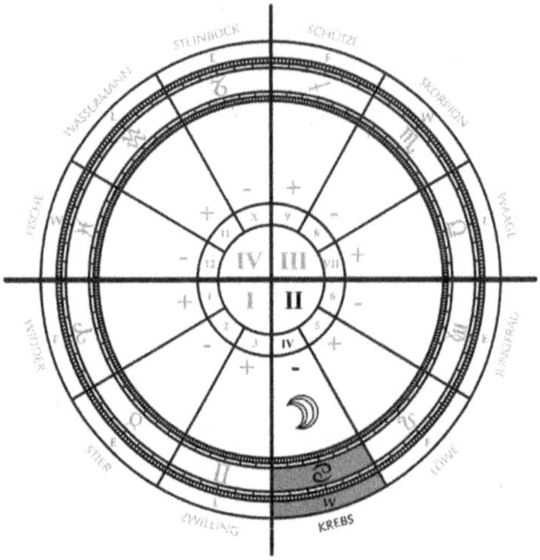

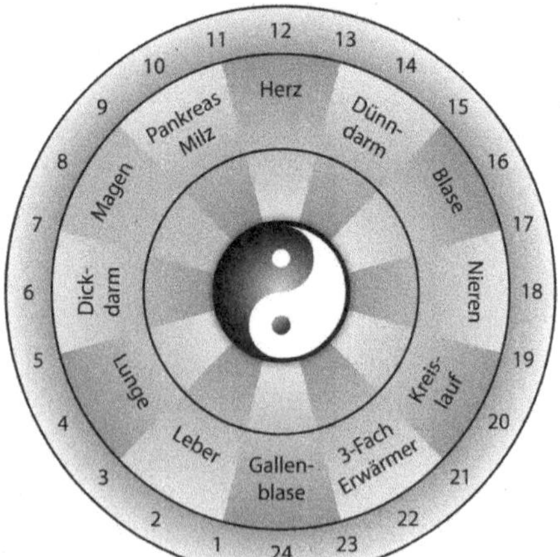

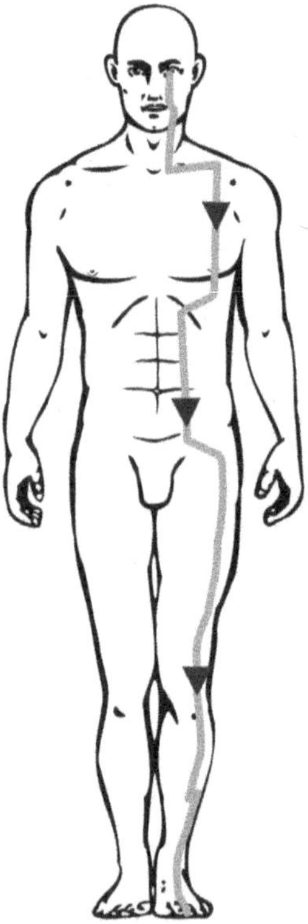

Das Kind mit dem Mond im Löwen

Zugeordneter Meridian Löwe = Herz-Meridian
Maximalzeit: 11 h–13 h
Anfangspunkt: Mitte der Achselhöhle
Endpunkt: Fingernagel kleiner Finger zum Ringfinger
Fließrichtung: Von Achselhöhle zur Hand

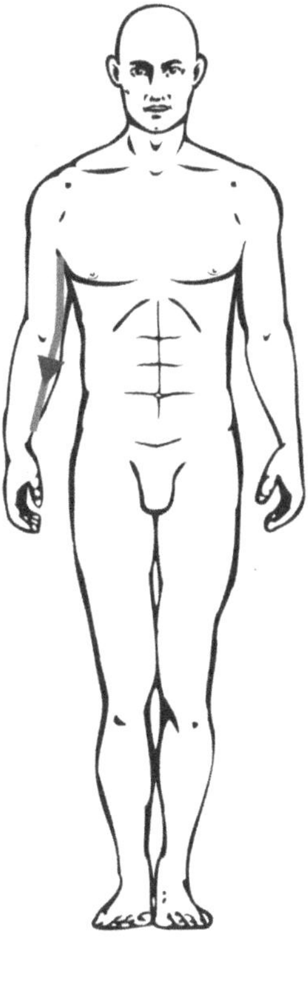

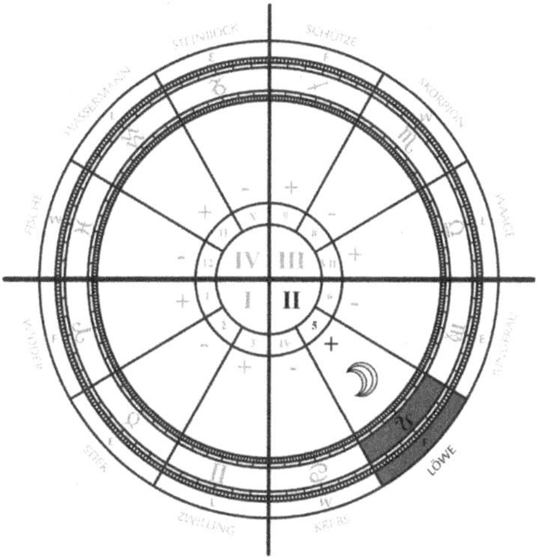

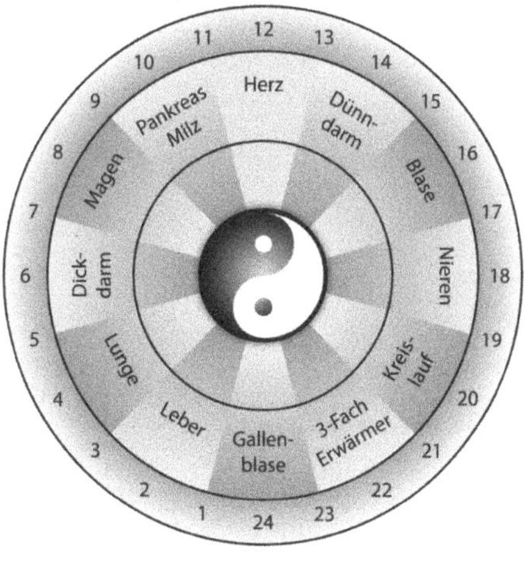

Das Kind mit dem Mond in der Jungfrau

Zugeordneter Meridian Jungfrau = Dünndarm-Meridian
Maximalzeit: 13 h–15 h
Anfangspunkt: Kleiner Fingernagel außen
Endpunkt: Außerhalb Ohrmuschel zur Kopfseite hin
Fließrichtung: Von der Hand zum Kopf

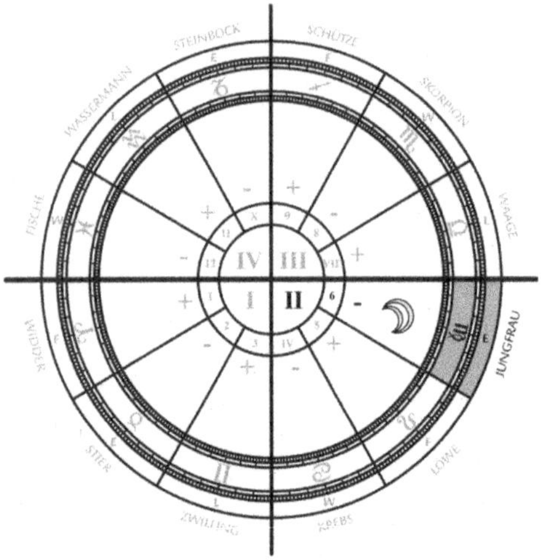

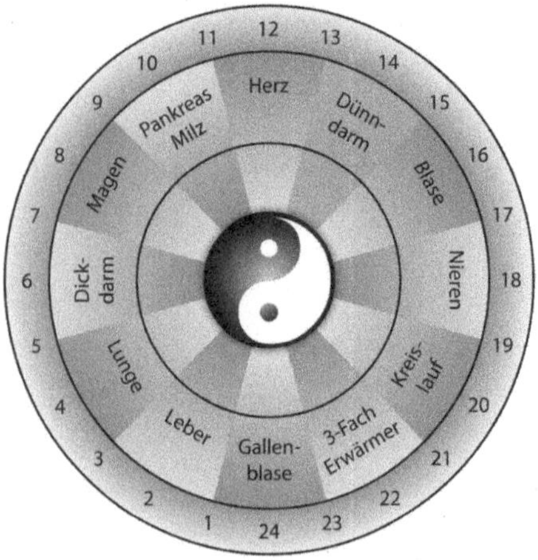

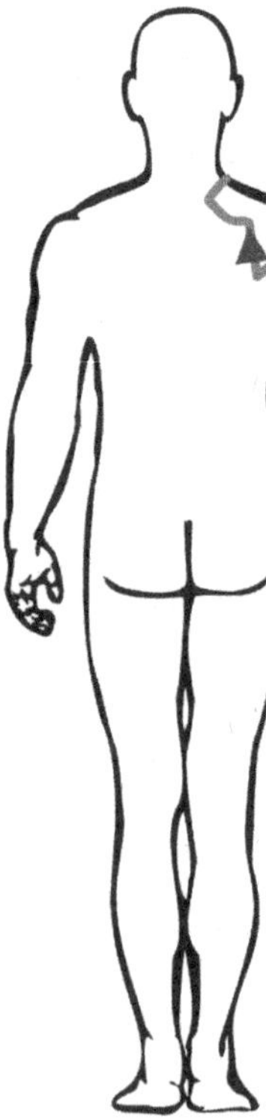

Das Kind mit dem Mond in der Waage

Zugeordneter Meridian Waage = Nieren -Meridian
Maximalzeit: 17 h–19 h
Anfangspunkt: Fußsohle oberes Drittel mittig
Endpunkt: Schlüsselbein
Fließrichtung: Vom Fuß zum Schlüsselbein

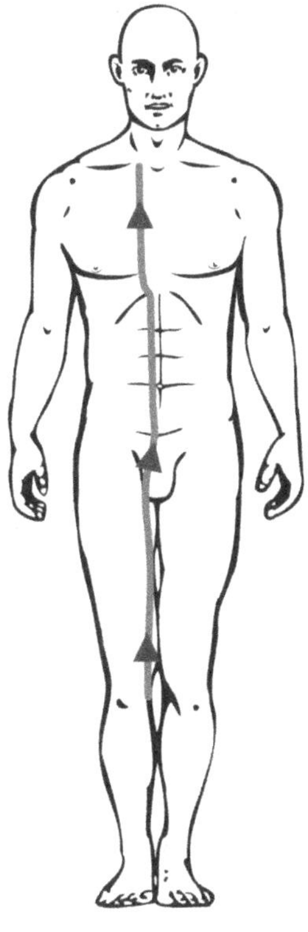

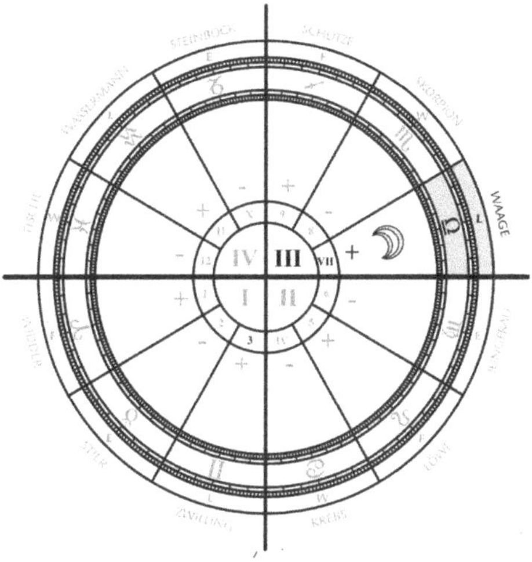

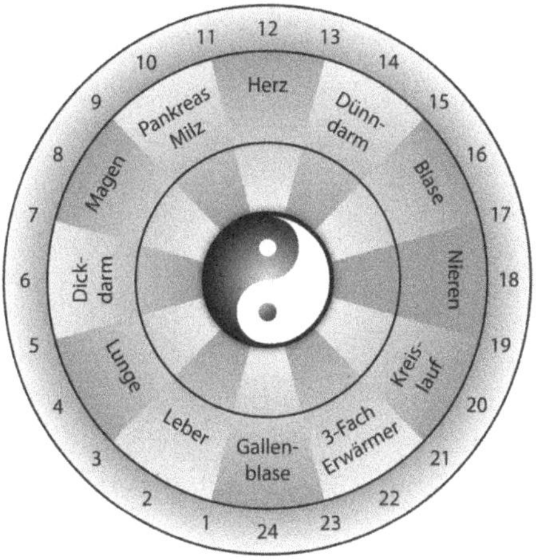

Das Kind mit dem Mond im Skorpion

Zugeordneter Meridian Skorpion = Dickdarm-Meridian
Maximalzeit: 5 h–7 h
Anfangspunkt: Nagelwinkel des Zeigefingers hin zum Daumen
Endpunkt: Unterhalb der Nase
Fließrichtung: Von der Hand zur Nase

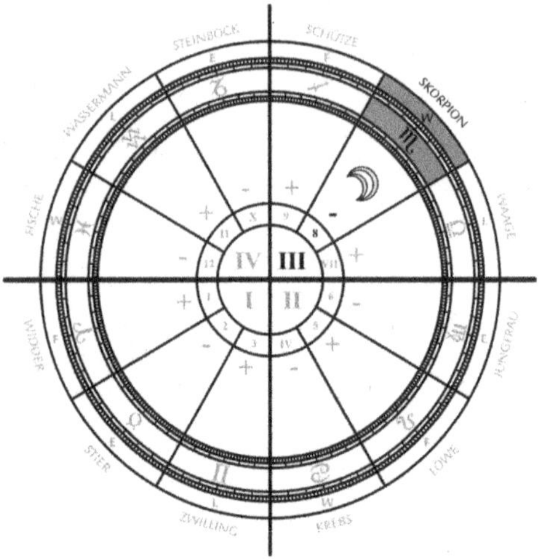

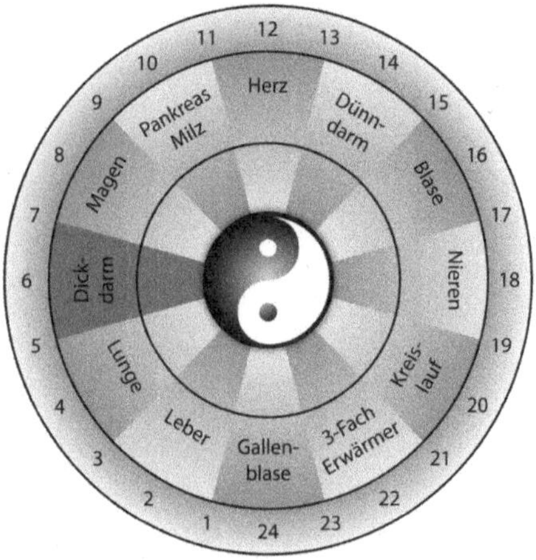

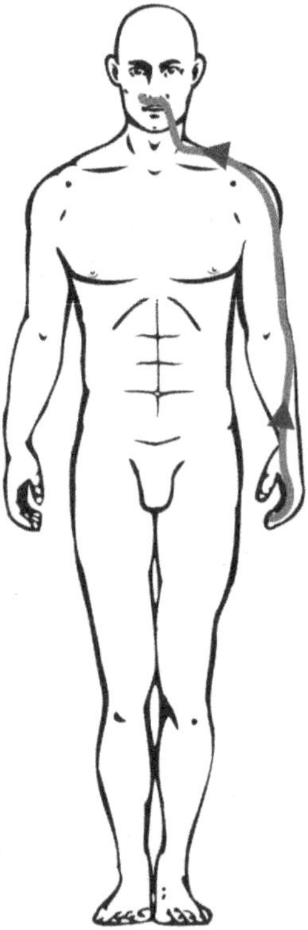

Das Kind mit dem Mond im Schützen

Zugeordneter Meridian Schütze = Leber-Meridian
Maximalzeit: 1 h–3 h
Anfangspunkt: Zehennagel des großen Zehs außen, hin zum 2. Zeh
Endpunkt: Unterhalb der Mamille
Fließrichtung: Vom Fuß zum Brustbereich

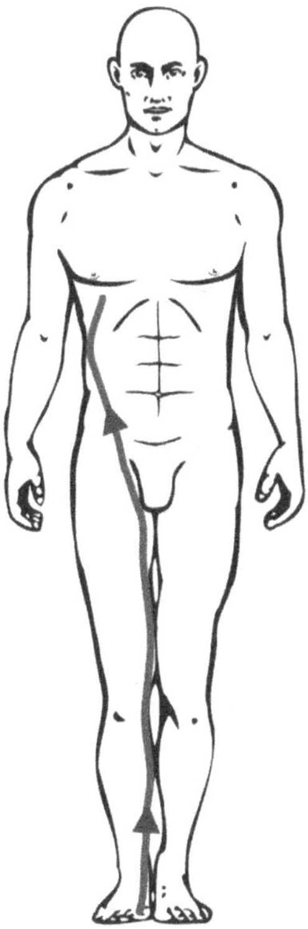

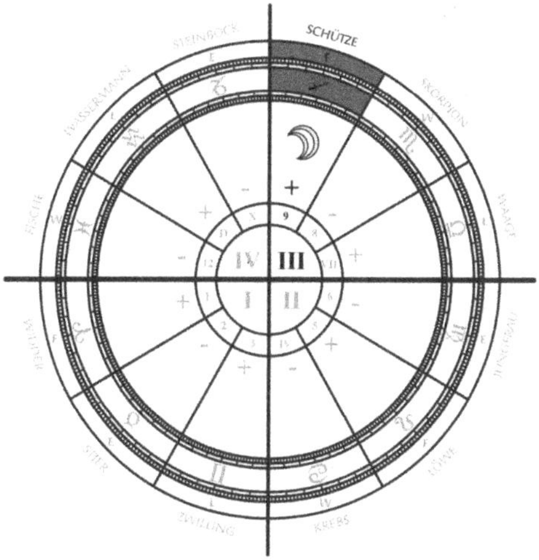

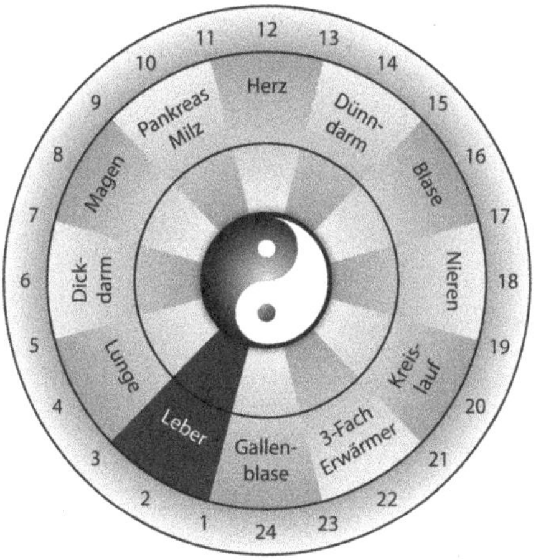

Das Kind mit dem Mond im Steinbock

Zugeordneter Meridian Steinbock = Leber-Meridian
Maximalzeit: 9 h–11 h
Anfangspunkt: Nagel des großen Zehs außen
Endpunkt: Unterhalb der Achselhöhle
Fließrichtung: Vom Fuß bis zur Achselhöhle

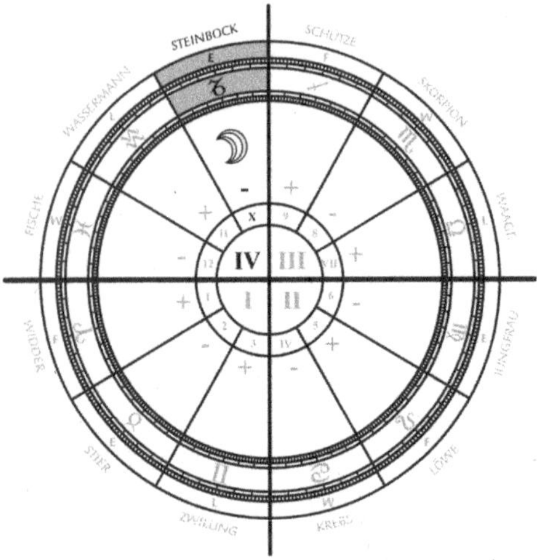

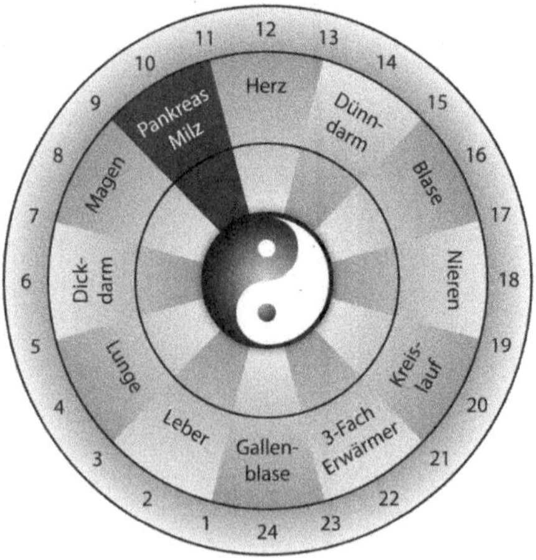

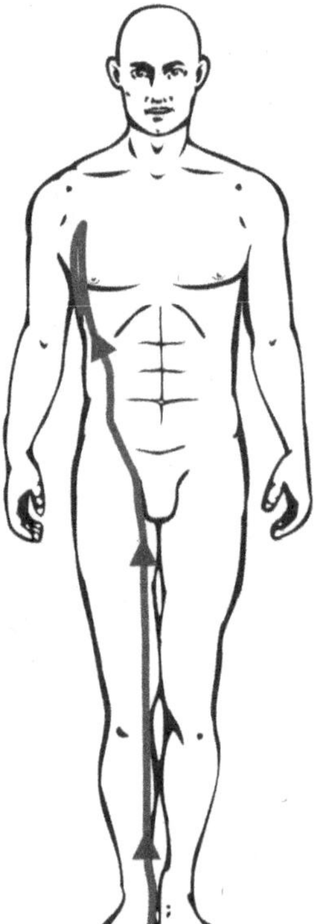

Das Kind mit dem Mond im Wassermann

Zugeordneter Meridian Wassermann = Dreifacherwärmer-Meridian
Maximalzeit: 21 h–23 h
Anfangspunkt: Äußeres Ende der Augenbraue
Endpunkt: Nagel des Ringfingers zum kleinen Finger
Fließrichtung: Vom Kopf zur Hand

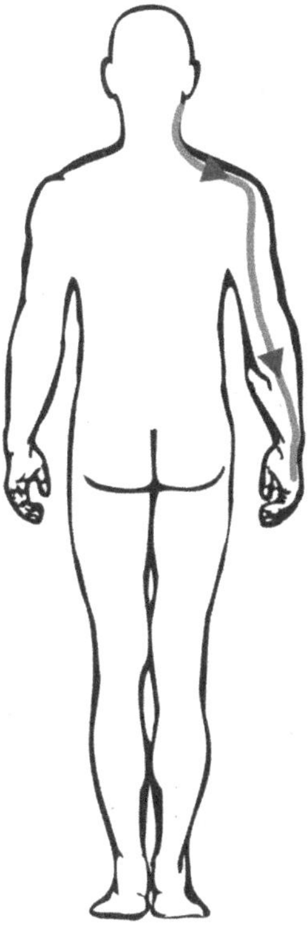

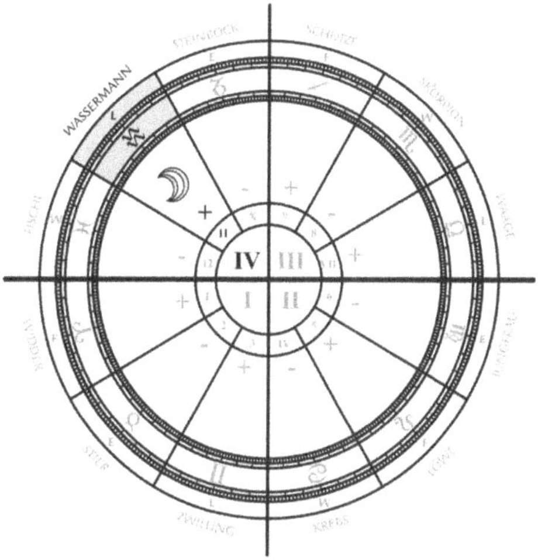

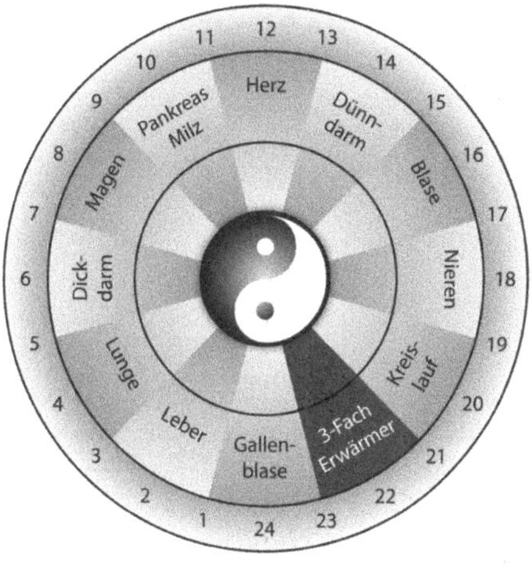

Das Kind mit dem Mond in den Fischen

Zugeordneter Meridian Fische = Blasen-Meridian
Maximalzeit: 15 h–17 h
Anfangspunkt: Pupille Innenbereich, Übergang zur Nase, bitte Vorsicht in Augennähe
Endpunkt: Nagel des kleinen Zehs außen
Fließrichtung: Vom Kopf zum Fuß

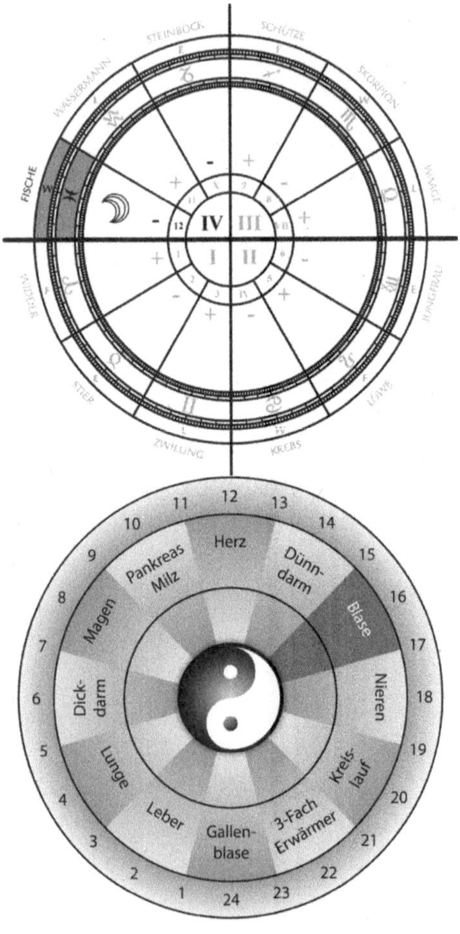

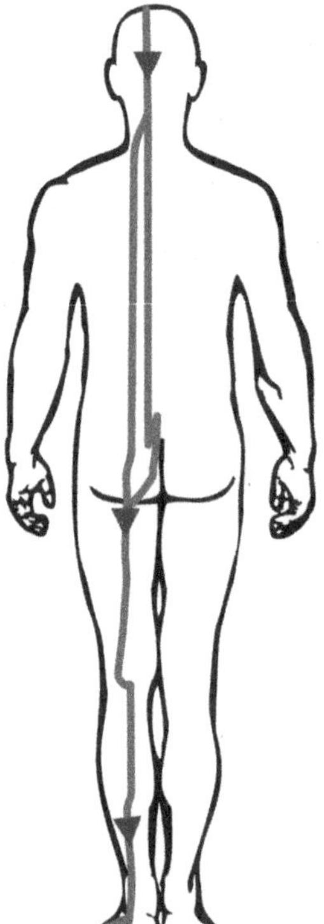

Die Aktivierung der entsprechenden Meridiane eignet sich hervorragend als Balancing für sich selbst oder für die Lieben zur:

- (Re-)Vitalisierung und Aktivierung und Harmonisierung einfacher Befindlichkeitsstörungen, Verstimmungen und Blockaden
- eigenen Soforthilfe bis hin zu fachmännischer therapeutischer Anwendung
- Unterstützung einer traditionellen Behandlungbitte in Absprache mit dem behandelnden Facharzt oder Heilpraktiker

Verzichten Sie bitte auf ein Balancing Ihrer Meridiane oder behandeln Sie erst nach Rücksprache mit Ihrem Arzt oder Heilpraktiker

- bei Eiterung, offenen Wunden, Pilzinfektionen oder massiven Hautveränderungen
- bei Krebserkrankungen, Vergiftungen, starken Infektionen, sowie allen akuten und schweren Erkrankungen
- wenn sich die Beschwerden verschlimmern oder immer wiederkehren

Bitte achten Sie weiter darauf, dass Sie regelmäßig wiederkehrende Beschwerden durch die Selbstbehandlungen nicht nur kurzfristig wegdrücken.

Sonst besteht sogar Gefahr, dass eine Blockade oder Krankheit weiter in die Tiefe und ins Unbewusste abrutscht. Das Ungleichgewicht, welches hinter Ihrem Symptom steckt, taucht vielleicht an anderer Stelle und verstärkt wieder auf. Konsultieren Sie bitte in diesem Fall rechtzeitig einen Fachmann oder eine Fachfrau.

Aus-Klang

Sie haben durch die Meditationen und durch das Balancing erlebt, wie hilfreich es ist, das innere Kind an einen inneren sicheren Ort zu bringen, die Fürsorge für das innere Kind zu übernehmen und damit auch in stressigen Situationen handlungsfähig und innerlich frei zu bleiben. Je mehr Sie sich darüber im Klaren sind, was Sie brauchen, um in emotionaler Hinsicht versorgt und in sich geborgen zu sein, desto entspannter können Sie die Verantwortung für sich selbst tragen. Wahres Erwachsensein bedeutet, die Konsequenzen seiner eigenen Entscheidungen tragen zu können, und dabei hilft eine liebevolle Beziehung zum inneren Kind sehr. Für uns war es eine große Freude, dieses Buch zu schreiben und zu erforschen, wie sich die Mondstellung auf das so empfindsame innere Kind auswirkt. Wir sind davon überzeugt, dass es sehr hilfreich ist, die emotionalen Bedürfnisse des inneren Kindes durch das Horoskop sichtbar werden zu lassen, denn je präziser wir wissen, was wir brauchen, desto einfacher ist es, uns selbst zu geben, was uns guttut. Je besser wir uns kennenlernen, desto besser können wir für uns sorgen und uns damit zeigen, wie wichtig wir uns selbst sind. Zeigen wir unserem inneren Kind, wie wichtig es uns ist, dann spüren wir Liebe zu uns selbst. Ein geliebtes inneres Kind, das in unserer psychischen Landschaft in Sicherheit ist und sich beim Planetenherrscher zu Hause fühlt, lässt uns sehr stabil, gelassen und selbstbestimmt jeden Lebensbereich meistern. Wir sind sicher, mit diesem Buch einen neuen Ansatz und einen hilfreichen Beitrag zu mehr Selbstliebe und Selbstbestimmung anzubieten und freuen uns von Herzen, Ihnen, unseren Lesern, diese Informationen weiterreichen zu dürfen.

In Liebe und Verbundenheit,
Thomas Künne (Mond im Schützen)
Susanne Hühn (Mond im Wassermann)

Anhang

Und wo steht mein Mond?

Sie möchten augenblicklich erfahren, in welchem Tierkreiszeichen Ihr Mond steht? Nichts leichter als das:

Alles, was Sie benötigen, sind Ihre genauen Geburtsdaten (Tag/Ort/Uhrzeit) und schon kann es auf der Seite www.astroconnect.de losgehen. Gehen Sie dabei in folgenden Schritten vor:

Titelseite www. astroconnect.de aufrufen

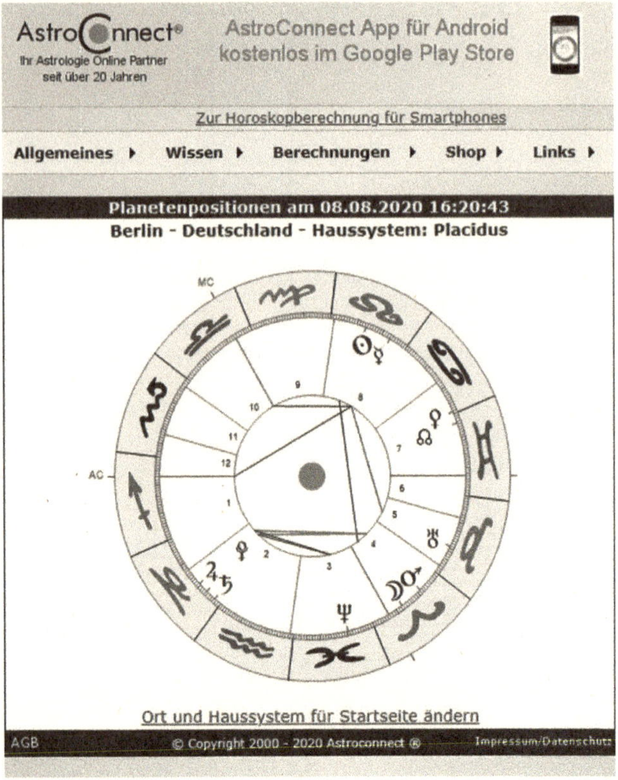

Horoskop berechnen anklicken

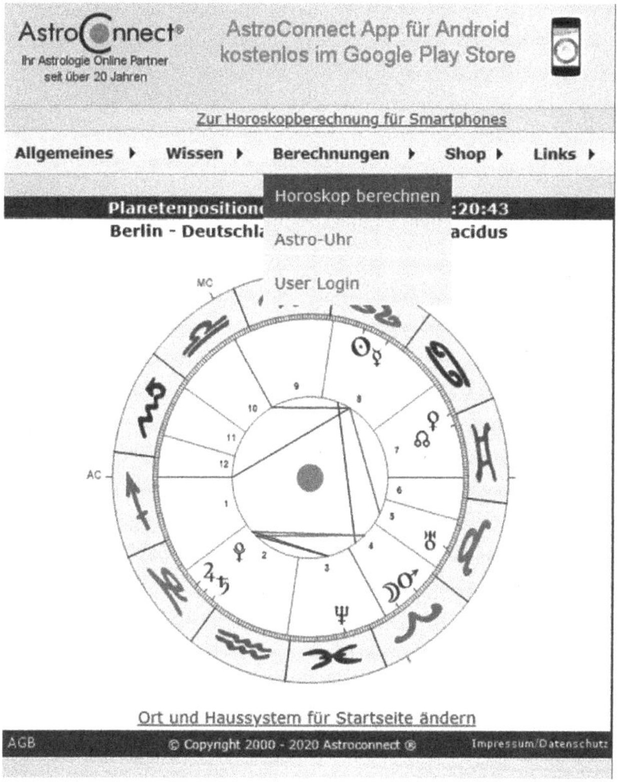

Diese Seite öffnet sich:
Hier geben Sie Ihre persönlichen Geburtsdaten ein.

Ihre Horoskopzeichnung aller Planeten erscheint, uns interessiert primär der Mond: Dieser steht hier im Tierkreiszeichen Schütze.

Zur Horoskopberechnung für Smartphones

Allgemeines ▸ Wissen ▸ Berechnungen ▸ Shop ▸ Links ▸

Radix Thomas Künne 12.03.1958 22:55

Zurück zur Horoskop-Dateneingabe

Dominantenverkettung PDF-Horoskopzeichnung

Horoskopdaten			
Datum:	12.03.1958	Ort:	D-Geislingen an der Steige
Zeit:	22:55:00 MET	Breite:	048° 36' N
Weltzeit:	21:55:00 GMT	Länge:	009° 50' O
Sternzeit:	09:54:28 ST	Haus:	Placidus

Planeten- und Hauspositionen			
Sonne	21°49'14" Fische	Aszendent	12°34'55" Skorpion
Mond	27°27'10" Schütze	02. Haus	11°45'20" Schütze
Merkur	00°21'29" Widder	03. Haus	17°54'36" Steinbock
Venus	09°12'15" Wassermann	04. Haus (IC)	26°22'58" Wassermann
Mars	26°47'47" Steinbock	05. Haus	28°42'23" Fische

Nun können Sie
auf PDF-Horoskopzeichnung klicken ...

Radix Thomas Künne 12.03.1958 22:55

Zurück zur Horoskop-Dateneingabe

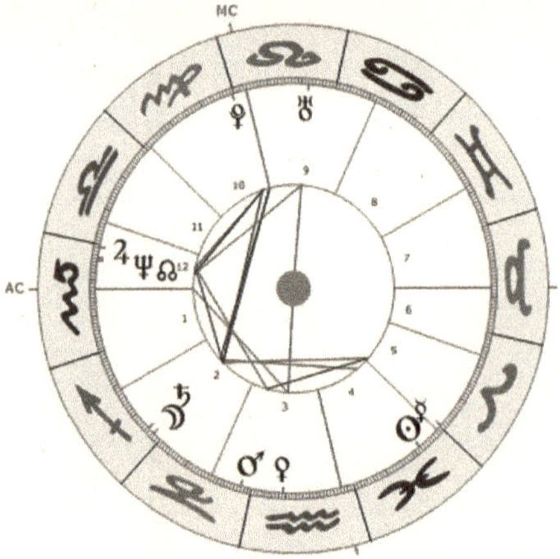

Dominantenverkettung   PDF-Horoskopzeichnung

Horoskopdaten			
Datum:	12.03.1958	Ort:	D-Geislingen an der Steige
Zeit:	22:55:00 MET	Breite:	048° 36' N
Weltzeit:	21:55:00 GMT	Länge:	009° 50' O
Sternzeit:	09:54:28 ST	Haus:	Placidus

Planeten- und Hauspositionen			
Sonne	21°49'14" Fische	Aszendent	12°34'55" Skorpion
Mond	27°27'10" Schütze	02. Haus	11°45'20" Schütze
Merkur	00°21'29" Widder	03. Haus	17°54'36" Steinbock
Venus	09°12'15" Wassermann	04. Haus (IC)	26°22'58" Wassermann
Mars	26°47'47" Steinbock	05. Haus	28°42'23" Fische
Jupiter	00°40'38" Skorpion R	06. Haus	23°23'41" Widder
Saturn	25°16'31" Schütze	07. Haus (DC)	12°34'55" Stier
Uranus	08°00'57" Löwe R	08. Haus	11°45'20" Zwillinge
Neptun	04°26'14" Skorpion R	09. Haus	17°54'36" Krebs
Pluto	00°34'08" Jungfrau R	10. Haus (MC)	26°22'58" Löwe
Mondkn.	03°37'48" Skorpion R	11. Haus	28°42'23" Jungfrau
		12. Haus	23°23'41" Waage

Klicken Sie für eine Kurzdeutung auf die farbigen Planetenpositionen!

... und Sie erhalten diese PDF, die Sie sowohl abspeichern als auch ausdrucken können. FERTIG!

1 / 1

21:55:00 GMT 08:54:28 ST
D-Geislingen an der Steige
Länge: 9°50' O Breite: 48°36' N

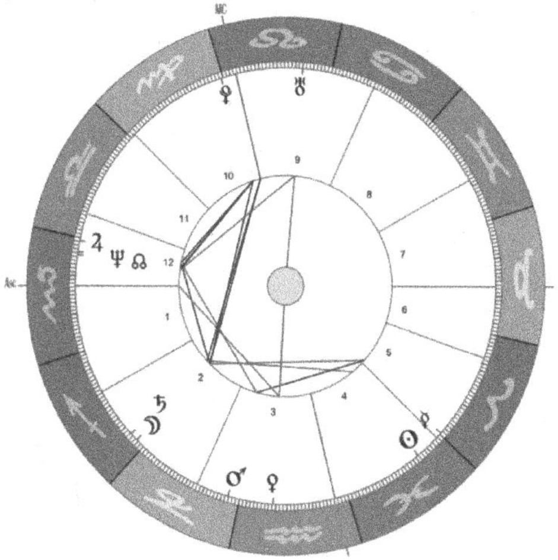

Sonne	21°49'14" Fische	04	☉							
Mond	27°27'10" Schütze	02		☽						
Merkur	00°21'29" Widder	05		□	☿					
Venus	09°12'15" Wassermann	03				♀				
Mars	26°47'47" Steinbock	03			✱		♂			
Jupiter	00°40'38" Skorpion R	12		✱			□	♃		
Saturn	25°16'31" Schütze	02	□	☌					♄	
Uranus	08°00'57" Löwe R	09				☍				♅

Hauspositionen (Placidus)

ASC	12°34'55" Skorpion
Haus 2	11°45'20" Schütze
Haus 3	17°54'36" Steinbock
IC	26°22'58" Wassermann
Haus 5	28°42'23" Fische
Haus 6	23°23'41" Widder

P.S: mit freundlicher Genehmigung zur Veröffentlichung durch Herrn Volker Dietz von Astroconnect

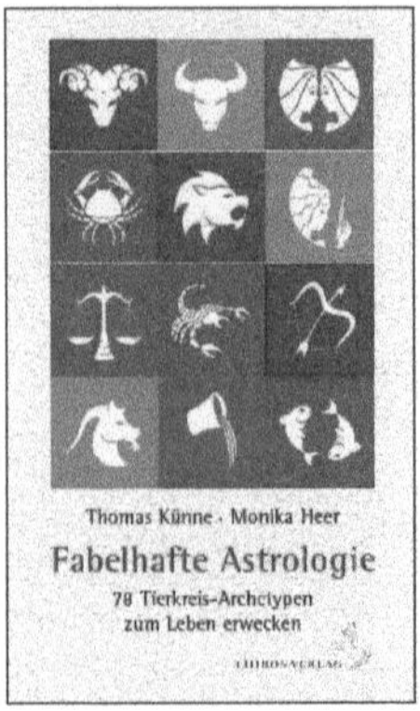

Standardwerke der Astrologie

THOMAS KÜNNE/MONIKA HEER

Fabelhafte Astrologie

78 Tierkreis-Archetypen zum Leben erwecken

295 Seiten, Hardcover
ISBN 978-3-89997-231-3

In der Fabelhaften Astrologie werden die zwölf Tierkreisprinzipien wechselseitig mitmiteinander kombiniert. Daraus ergeben sich 78 Archetypen, die eine große Bandbreite der menschlichen Erfahrung abbilden. Am Anfang steht jeweils eine Fabel, die das Prinzip lebendig darstellt. Es folgt eine astrologische Erläuterung, in der sich Licht- und Schattenseiten spiegeln. Für die Fabelhafte Astrologie gibt es verschiedene Lesarten. Sie können sich die Frage stellen, welche Tierkreiszeichen zueinander passen, was sie einander zu erzählen haben oder auf welche Art und Weise sie sich gegenseitig herausfordern? Sie können diese als Inspiration für die Deutung eines Horoskops nutzen. Ebenso können Sie damit einzelne Konstellationen in Ihrem Horoskop zu sich sprechen lassen. Oder sie nutzen die Texte ähnlich wie die 78 Tarotkarten als Orakel, indem sie sich eine Frage stellen und anschließend „zufällig" eine Seite aufschlagen. Im besten Fall schenkt Ihnen die Fabel eine neue Einsicht oder die Beschreibung von zwei Urprinzipien im Zusammenspiel beschert Ihnen einen neuen Denkanstoß, wie Sie diese zum Leben erwecken können.

»Wer gerne in Bildern denkt und bereit ist, sich von kreativen Geschichten anregen zu lassen, braucht dieses Buch. Wer die Symbolkombinationen lernen möchte, wird mit der «fabelhaften Astrologie» ohne trockenes Auswendiglernen lustvoll lesend glücklich sein.«

Astrologie Heute Nr. 169

CHIRON VERLAG